JN233750

大本営に見すてられた楽園

玉砕と原爆の島テニアン

石上正夫著

桜井書店

はじめに

毎年三月一〇日には、「東京大空襲」の惨状が報道される。ところが敗戦の年（一九四五年＝昭和二〇）から一九七〇年（昭和四五）まで二五年間、日本のマスコミは「東京大空襲」について沈黙したままであった。

一九四五年（昭和二〇）三月一〇日午前零時五分から二時間半にわたるB29による無差別爆撃によって、東京の本所区・深川区（現在の墨田区・江東区）を中心とする下町は焼け野原となり、一〇万人を超える人びとが犠牲になった。

一九六八年、江東区・深川小学校の三年生を調査したところ、東京大空襲について知っている児童はわずか一五パーセントにすぎなかった。そこで家庭調査をしたところ、「あまりに無残で子供に話すことができない」という回答が多く寄せられた。しかし、それだけの理由で、自分の街がB29に焼き払われたことを語らないのは、なんとも納得のいかないことであった。マスコミが沈黙しているだけでなく教育の現場でもこの事実についてまったく触れていない。

江東区の小学校三年の社会科副読本『わたしたちの郷土』も東京大空襲については一行も触れていない。自分たちが学んでいる学校の壁に残っている傷跡が何なのか、それを教えないのでは、子供たちは郷土の歴史を学ぶことができない。

東京大空襲を語ることのできない、その背景には、

「四、連合軍に対して破壊的な批判を加えたり、同軍に対して、不信や怨恨を招くような事項を掲載してはならない。（四以外は省略）

付帯事項　検問が行われているということを知らせてはならない」

というアメリカ占領軍の言論統制があったのである。

一九四五年（昭和二〇）九月一九日、アメリカ占領軍はプレスコード一〇項目を日本政府に通告した。アメリカ軍が日本に進駐してすぐのことで、日本がどのように対応してくるのか、まったくわからない状況下での通告であった。この通告によって理不尽な言論統制が行われた。その一例として、丸木位里・赤松俊子（後の丸木俊）の共著『ピカドン』が、一般市民の知らないところで発禁になっていた。また、小学校三年の『国語』（学図）の「ひろしま」には、原爆は書かれていなかった。いまでは考えられないことである。しかし、こうした例はほかにもたくさんあった。講和条約に調印して二〇年もたっているのに、占領軍の言論統制の影響が残ったままになっていた。これはもう自己規制としかいいようがない。

東京大空襲の中心地であった江東区の東京都教職員組合・江東支部は、郷土がB29の空襲で焦土と化した事実を子供たちに伝えるために、『炎の街――東京大空襲三月十日』（鳩の森書房）を編集した。

一九七〇年三月一〇日、この本の出版記念集会が江東公会堂で開催されると三〇〇〇人を越える市民が会場を埋めた。二五年間占領軍によって押さえつけられていたものが、いっぺんに吹き出たような熱

気が会場にあふれていた。この集会を境にして東京大空襲は大きく報道されるようになり、江東区の社会科副読本にも記載されるようになった。

一方、同じ年に発足した「東京空襲を記録する会」が活動をはじめ、一九七六年『東京大空襲・戦災誌』全五巻・約五〇〇〇ページを完成させた。

発刊を記念して編集に携わった松浦総三氏、早乙女勝元氏、鈴木均氏をはじめとする九人がB29の発進基地を自らの目で確かめようと、グアム、サイパン、テニアンを訪ねる旅にでた。

一九七六年一二月末のことである。

当時は、サイパンへの直行便はなく、まずグアムへ飛んだ。戦時中グアムには、アメリカのマリアナ空軍B29の指揮をとる第二〇航空軍司令部があった。司令官は日本に対する無差別爆撃、原爆投下命令を下したカーチス・E・ルメイ少将である。

B29はグアム、サイパン、テニアンの三島に配置されていた。グアム北飛行場に第三一四航空団、北西飛行場に第三一五航空団、サイパン・アスリート飛行場に第七三航空団、テニアン北飛行場に第三一三航空団、西飛行場には第五八航空団が配置され、日本本土空襲の共同作戦を行っていた。

グアムの北飛行場は現在もアメリカ空軍基地として使用され、原子力潜水艦の基地もあるが、サイパン、テニアンには民間の飛行場のみがある。

日米の激戦がくりひろげられたグアム島、サイパン島は整備され、戦跡は観光用に手が加えられている。

九人がテニアン島に渡ったのは、一二月二九日であった。島の南端にあるソンソンの町にはクリスマスツリーが輝き、祭りのような雰囲気が漂っていた。しかし一歩町をでると生なましい戦跡が手つかずのまま残されていた。

アメリカ軍が上陸した西ハゴイ海岸の砂浜は、白い帯のように南に向かって伸びている。

第一次世界大戦時にドイツ軍が作った厚いコンクリートのトーチカは、アメリカ軍の猛烈な艦砲射撃を受けて土砂に埋没していたが、戦後岐阜県に住んでいる元日本軍の兵士だった人が掘り出して、復元した。トーチカのなかには、六体の遺骨があったという。

砂浜には不発の砲弾がいくつもころがっていた。日本のものかアメリカのものか判別できない飛行機のエンジンとプロペラが、墜落した時のまま散乱している。戦死者の遺骨は片付けられていたが、戦火に焼かれたのであろうか、牛の頭蓋骨がころがっていた。

波に洗われた上陸用舟艇の太いシャフトが、赤錆びて岩礁にくいこみ、岩と一体化している。消えた船体が三〇年の時の流れを物語っている。

こんな岩だらけの狭い海岸をアメリカ軍はなぜ上陸地に選んだのだろうか。強烈な太陽に肌を焼かれながら、そんな疑問が心のなかに広がった。玉砕の島テニアンを調べようという動機はこんなところにもあったのかもしれない。

その日の午後、フィリップ・メンディオラ市長のオフィスを訪ねた。笑顔で私たちを迎えてくれた老市長は「遠いところよくおいでくださいました」と歯切れのよい、不思議な魅力のある日本語を話した。

「テニアンは、日本の転び石のように小さな島です。日本の人びとは、テニアンを忘れていますが、戦争の前にはこの島で一万人以上の日本人が砂糖キビをつくっていました。アメリカ軍が上陸してきて日本の守備隊は全滅しました。そして、北飛行場から原爆を積んだB29が飛びたち、広島と長崎に落としました。日本の人たちにこの島を覚えていてほしい」

市長の言葉のなかに、日本人に対する親愛の情と、テニアンを忘れた日本への悲しみが感じられた。

市長のデスクの横にある棚に、日の丸の旗に覆われたダンボールの箱が三つあった。箱のなかには日本兵や開拓農民の遺骨が納められている。

ジャングルや洞窟のなかで発見された遺骨を、島の人たちは、丁重に市長室に届けた。市長室に届けられた遺骨は、日本の厚生省（現・厚生労働省）に連絡してから、返すようにしているという。

市長の案内で島の南端にあるカロリナス岬の突端に立った。五〇メートルはある断崖絶壁から吹き上げる潮風を受けて、市長の顔が悲しそうにくもった。

「アメリカ軍に追い詰められて日本のお父さん、お母さんが子供と一緒にこの崖から飛び降りて死にました。日本政府に『この場所に慰霊碑を』といったら『サイパンにあるからいい』といわれた。私はここにお父さんの石、お母さんの石、子供の石を置いてお線香を上げられるようにしてあげたい」

市長は岩礁に砕け散る波をじっと見ていた。その時、大粒の雨が頬にあたった。空を見上げて市長がポツンといった。

「これ、仏様の涙ですよ」

心にしみる言葉であった。慈悲深い仏様の涙ともとれるし、断崖から身を投じた人びとの涙ともとれる。そして、その言葉にはここで命を落とした人びとに対する市長の限りない悲しみと祈りがこめられていた。

この一言が、カロリナス岬に「鎮魂不戦之碑」を建立させた。

一九七七年七月二五日、「テニアンに鎮魂碑を」という記事が『朝日新聞』に大きく取り上げられた。すると全国から八〇〇人を越える人たちが建立基金を送ってくれた。メンディオラ市長の一言が人びとの心を動かしたといえる。

メンディオラ市長は、太平洋戦争末期に、軍属としてグアム島・第二九師団司令部参謀佐藤清八大佐直属の特殊班（特務機関）に属し、通訳、アメリカ軍への通報者、武器隠匿者の摘発などの任務を命じられていた。日本軍が玉砕した時、特殊班の熊谷中尉、小島少尉、松下軍曹はじめ、一二名の隊員は、全員戦死したが、メンディオラ氏ただ一人奇跡的に生き残った。

一九七四年、北マリアナ連邦（アメリカの自治領）テニアンの市長選で、アメリカのテニアン核基地化計画に反対して当選した。

その後、アメリカは、島民に生活補助金を支給し、小麦粉、バター等の食料をふんだんに与え、島の北三分の二の軍事使用権を認めれば、生活を保障すると執拗に働きかけた。原住民（チャモロ人）約一〇〇〇人は、はじめはメンディオラ市長の反基地政策に賛成していたが、アメリカのカネとモノの攻勢に負け、九九年間、島の三分の二をアメリカ軍の基地として貸す契約に賛成票を投じた。

フィリップ・メンディオラ氏は、市長退任後、一九八五年五月一四日、七四歳で他界するまでテニアンの核基地化に反対しつづけた。現在、テニアンに核基地はない。

「玉砕」とは何か。

この島で戦没した八千余名の陸・海軍の将兵、戦火に巻き込まれて命を失った三千五百余名の在留日本人の死はなんであったのか。この島を訪れるたびに、現代史には書かれていない、追い詰められた兵士や邦人の苦しみ、逃げ出すことのできない悲しみが、私の心に深く刻み込まれた。

一九七六年に初めてテニアンを訪れてから、毎年欠かすことなく「鎮魂不戦之碑」に線香を供え、ここで戦没された人たちの遺族やテニアンと平和を語る人たちを案内してきた。いつしか二五年が過ぎ、同行した人の数は五〇〇〇人を越えた。

奇跡的に生き残った陸・海軍の兵士、北飛行場の建設に参加したテニアン生まれの軍属、玉砕戦に巻き込まれながら、からくも生き残った少年や少女、テニアンへの旅を共にしなければ聞くことのなかった貴重な証言を聞くことができた。

「鎮魂不戦之碑」の除幕式の日、この碑を「日本とテニアンの架け橋にしよう」と約束したフィリップ・メンディオラ氏は故人になられた。私は、二人の約束を果たすためにテニアンの記録を書きつづけている。

テニアン島探訪の旅の二五回目が二〇世紀の最後の年にあたった。同行者は二八人。

アメリカ軍上陸地点奪回作戦で戦死した松田大隊長の遺族、松田光一さん、高原結子さん。テニアンで父母、兄弟が自爆した菊池郭元さん、佐々木吉民さん。長崎の原爆で家族を失った甲野ヒサ子さん。風船爆弾作りとテニアンを語り継ぐ小岩昌子さん。その他の人びとも「戦争と平和」に関心のある人たちである。

戦争も原爆も突然私たちに襲いかかってきたのではなく、その準備は、私たちがうっかりしている間に、国家の名のもとに着々と進められていた。私たちが戦争について、間違った判断をしていたから、わが身にふりかかった悲劇であるともいえる。

世紀の節目にあたる二〇〇〇年三月二六日から三一日までの旅は、歳月に流されて消えようとしている「玉砕と原爆」を再確認するための旅でもあった。

＊ 本文のなかでは敬称を略させていただきました。

もくじ

テニアン島（昭和19年）

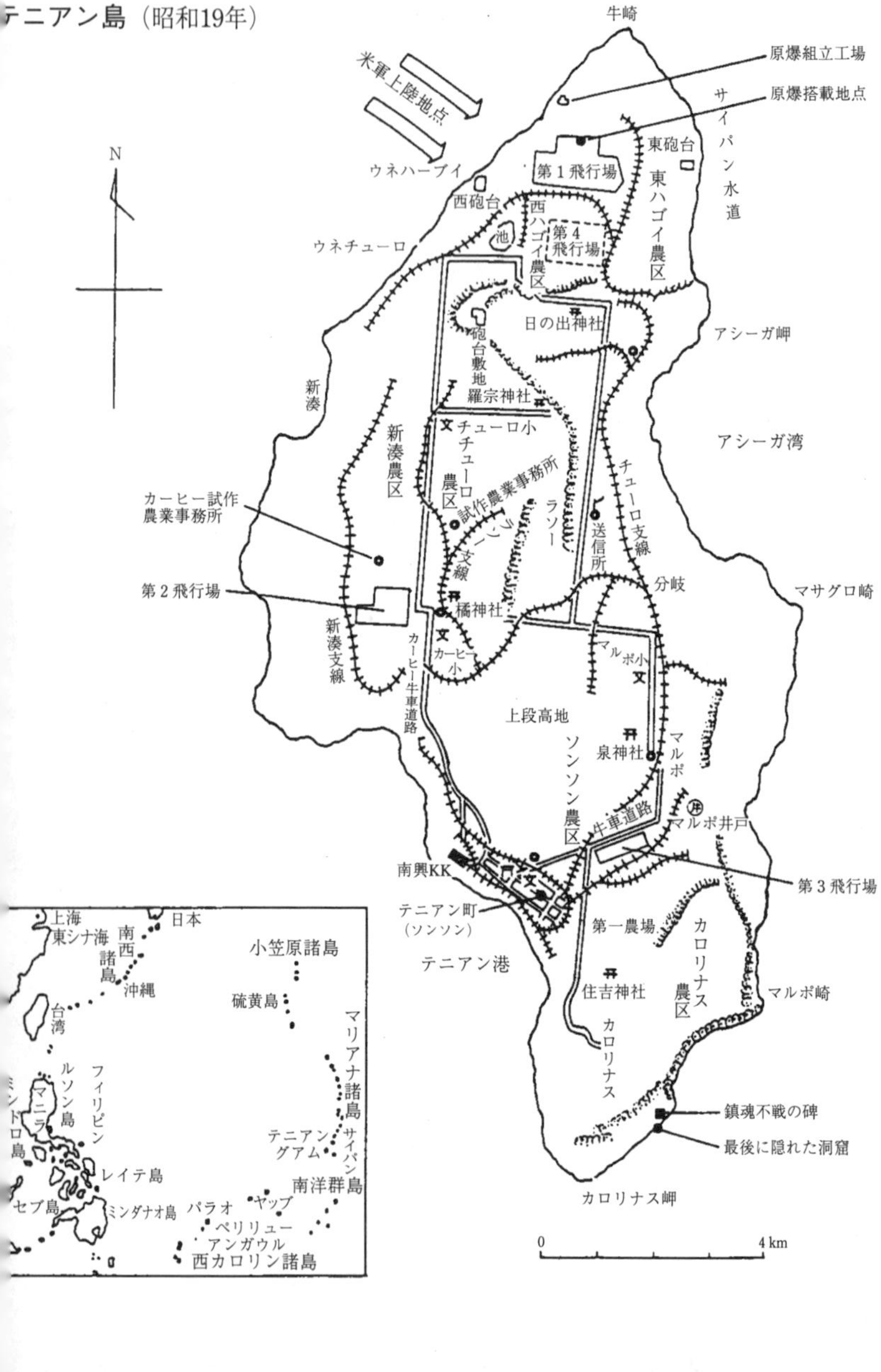
牛崎
米軍上陸地点
原爆組立工場
原爆搭載地点
サイパン水道
東砲台
第１飛行場
東ハゴイ農区
ウネハーブイ
西砲台
西ハゴイ農区
池
第４飛行場
ウネチューロ
N
日の出神社
アシーガ岬
砲台敷地
羅宗神社
新湊
アシーガ湾
新湊農区
チューロ小
チューロ農区
試作農業事務所
ラソー
ラソー支線
チューロ支線
カーヒー試作農業事務所
送信所
分岐
マサグロ崎
第２飛行場
橘神社
新湊支線
カーヒー牛車道路
カーヒー小
マルポ小
上段高地
泉神社
マルポ
ソンソン農区
牛車道路
マルポ井戸
南興KK
第３飛行場
テニアン町（ソンソン）
第一農場
カロリナス農区
テニアン港
住吉神社
カロリナス
マルポ崎
鎮魂不戦の碑
最後に隠れた洞窟
カロリナス岬
0
4 km
上海
日本
東シナ海
南西諸島
小笠原諸島
沖縄
硫黄島
台湾
マリアナ諸島
ルソン島
フィリピン
マニラ
ミンドロ島
テニアン
グアム
サイパン島
レイテ島
南洋群島
セブ島
ミンダナオ島
パラオ
ヤップ
ペリリュー
アンガウル
西カロリン諸島

第一章　悲劇の序曲

テニアン島

サイパン国際空港を五人乗りのセスナ機が飛び立った。ピストン輸送の一番機には五人の旅の仲間が同乗している。

サイパン水道に出てすぐ水平飛行に入ると、眼下にテニアン島を一望することができる。テニアン島は、東西一〇キロ、南北二〇キロ、半日あれば自動車で島を一周することができる、そんな小さな島である。

島の背後に、紺碧の大海原が孤を描いてひろがっている。手を入れれば染まりそうな濃い青さが目にしみるほど美しい。

セスナ機が風にゆられながら島に近づくと、島の北端に四本の滑走路が見える。東西に帯状にのびたノースフィールド飛行場（北飛行場）の滑走路である。北側のA滑走路は完全な形である。B・C・D滑走路は、タガンタガンの緑に侵蝕され、特にD滑走路はよほど注意して見ないとわからないほど緑におおわれている。一九四五年八月六日、この北飛行場のA滑走路から原爆リトル・ボーイを搭載したエ

ノースフィールド飛行場（北飛行場）。右端がA滑走路。ここから原爆機が広島，長崎に飛び立った

ノラ・ゲイ号が広島へ向けて飛び立った。そして三日後、ボックス・カー号が原爆ファットマンを搭載して小倉に向けて発進し、天候不良のために長崎に目標を変更して原爆を投下した。

南国特有の気だるいおだやかな風景の背後に、人類最初の原爆の悲劇が存在することを思い、A滑走路をもう一度ふり返った。

広島・長崎の原爆の無残さ悲惨さは語りつがれているが、原爆を積んだB29がテニアン島から発進したことを、ほとんどの日本人は知らない。

旅の仲間のなかには、東京空襲や地方都市空襲で、親や兄弟を焼き殺された人が何人もいた。B29が日本に向けて飛び立った、巨大な白い帯を思わせるノースフィールドの滑走路に立ったそれぞれの思いは、重く複雑なものがあった。

米軍は日本本土空襲の拠点として、マリアナ諸島の、サイパン、テニアン、グアムを占領するために、一九四三年（昭和一八）一一月二一日、ギルバート諸島マキン、タラワ島を攻撃、日本軍五四〇〇名を全滅させた。

マキン、タラワの飛行場を手に収めた米軍は、「飛び石作戦」によってマリアナ基地の早期占領を期して、制空権内の島を、空爆と艦砲射撃によって無力化し、近隣の島を飛び越してマーシャル諸島を占領する作戦にでた。

島を占領するのは、手段であって、島の飛行場を手中におさめ制空権を確保するのが目的であった。

大本営海軍部は、「敵の主反攻路線はニューギニア北岸沿いの算が大きく、マーシャル方面は副路線と判断する」と状況を把握し、米軍の作戦にはまったく気がついていなかった。

一九四四年（昭和一九）一月三〇日、米機動隊はマーシャル諸島の攻撃を開始した。二月一日、米軍はルオット島に上陸、日本の海軍警備隊四〇〇名、航空部隊七〇〇名、飛行場建設要員八〇〇名、軍需係二〇名、計約一九二〇名を全滅させ、工事中の飛行場を手中におさめた。

マーシャル諸島のルオット、クェゼリン以外の島々の日本軍は、敵の制空権下に取り残され、補給路を断ち切られ、砲爆撃にさらされて多くの戦死者、餓死者をだした。

大本営はマリアナ諸島の守備の必要に迫られ、一九四四年（昭和一九）二月九日、満州駐留の第二九師団にマリアナ派遣を命じた。しかし、米軍のマリアナ攻撃は一〇月以降と判断していた。また、海上における決戦を、トラック諸島または、パラオ方面と判断した。これは大きな誤りであった。

二月一七、一八日、トラック諸島が米軍機の大空襲によって壊滅的損害をこうむった。ついで、二月二三日、絶対国防圏の重要拠点マリアナ全域が米機動隊の艦載機の攻撃をうけた。大本営はトラック空襲後、わずか数日でマリアナ空襲を行う米機動隊の行動能力に驚いたが、それに対応する力はなかった。

マリアナ空襲と前後して、第三一軍（小畑軍司令官）の配置が決定した時、東条英機参謀総長の質問に対して、陸軍作戦課長服部卓四郎大佐は、「マリアナ（サイパン、テニアン）は絶対確信がある」と答えている。

「敵がサイパンに上陸すれば思う壺だ」と東条に豪語させたのは、大本営陸軍参謀部の誤った状況判断によるものだといえる。

米機動隊は、大本営の予想をはるかに上回る速さで作戦を展開していた。

パラオ、トラック諸島、ヤップ、メレヨン、エンタービー、モートロック、ポナペ等の島々を飛び越して、一九四四年六月一五日、レイモンド・A・スプルアンス大将の指揮する第五艦隊の北方攻撃部隊は、サイパン島への上陸を強行した。

サイパン放棄命令

一九四四年（昭和一九）二月一七日、日本海軍の拠点トラック諸島が大空襲で壊滅的打撃をうけた。その前にはマキン・タラワを失い、次いでクェゼリン、ルオットも失った。この追いつめられた戦況に佐藤賢了軍務局長は東条首相にマリアナを放棄し、フィリピンで最後の決戦を断行し、戦争を終結させることを進言した。

東条は二月一八日、官邸の自室に閉じこもって考えた末、午後一〇時、木戸内大臣を訪ね「統帥の一元化」を強化するために、杉山元にかわって、東条が陸軍参謀総長になる案を示した。いろいろな議論や反対もあったが、東条は強引に自説を主張、天皇も「非常の変則である」としてこれを認めた。

二月二一日、東条は首相・陸相・軍需相の兼任に加えて、陸軍参謀総長に就任した。第二九師団が満州の遼陽を出発して、マリアナに向かう輸送船団のなかにあった時点で、マリアナ放棄の構想は、東条の胸のうちで始動していたのである。

六月一五日、米軍がサイパンに上陸、大激戦が展開された。六月二〇日、アスリート飛行場が米軍の手に落ちた。六月二四日、東条と嶋田繁太郎海軍軍令部総長が宮城に行き、サイパン奪回作戦の放棄を天皇に上奏した。天皇は無言のままであった。天皇の無言は不承知である。

翌二五日午前一〇時、天皇も加え元帥会議が開かれた。伏見宮、梨本宮、永野修、杉山元の四元帥と東条・嶋田で協議が行われた。妙案がでるはずもなく、前日両総長が上奏したサイパン放棄が、天皇の了解の上で決定された。

ここに大きな変化があった。東条内閣の総辞職である。天皇の無言は不承知であると同時に不信任の表明でもあった。また、岡田啓介、米内光政、末次信正海軍大将、近衛文麿、藤山愛一郎、岸信介、伏見宮らの東条内閣打倒・和平工作をすすめる策謀が効を奏したともいえる。

一方、高松宮、細川護貞、平井稔合気道師範らが画策し、神重徳海軍大佐、高木惣吉少将や五・一五事件の三上卓、一人一殺の血盟団の四元義隆、右翼の巨頭西郷隆秀らを加えた東条暗殺計画は、東条の退陣によって実現せずに終わった。

マリアナの第一線サイパンは、五〇〇隻をこえる米軍の空母、戦艦、巡洋艦などの艦艇に取り囲まれ、七万もの大兵力を迎え撃って夜を日についで死闘をつづけているのに、一方、宮中やその周辺は、政治の暗闘に明け暮れていた。七月七日、バンザイ突撃を最後にサイパンは玉砕した。

東条打倒の大義名分は「和平工作の推進」にあったにもかかわらず、東条退陣後一年も戦争がつづけられ、百万をこえる人びとの命が奪われた。重臣たちの和平工作は国体護持に固執していたので、原爆を投下され、ソ連が参戦するまで戦争がつづけられたのである。

国民の生命を守ることを第一義に考える発想があったならば、絶対国防圏であるサイパンを失った時点で無条件降伏する勇気ある決断が必要であった。

七月二二日、首相官邸別館では、東条を囲む最後の会食が行われていた。出席者は東条、星野書記官長、富永次官、佐藤軍務局長、ほか秘書官八名である。東条には重臣たちへの恨みはあっても、失政やサイパン放棄への反省はなく、通夜の会食のようであったという。

その日、内地の政治の暗闘や政変などとはまったく関係なく、テニアンの守備隊は二日後の米軍上陸に備えて、決戦体制をととのえるのに懸命であった。

小川砲台。砲身は戦後復元した

一対一〇〇の決戦

一九四四年（昭和一九）七月二四日、夜明けを待って米上陸部隊はテニアン港正面に姿を現わした。緒方守備隊長は敵の上陸はテニアン港と判断、テニアンに配備されていた歩兵第一三五連隊第一大隊・歩兵五〇連隊第三大隊・海軍五六警備隊および戦車中隊、守備隊主力をテニアン港正面へ配置した。六時三〇分、一〇〇隻を超える米軍の上陸用舟艇が、白い航跡の尾をひいて一斉に前進を開始した。

上陸用舟艇が海岸から三〇〇メートルほど離れたリーフに到達した時、ペペノゴル海岸後方の小川砲台とカロリナス台地南端の柴田砲台がいっせいに砲撃を開始、戦艦コロラドに二二発、駆逐艦ノーマンスコットに六発命中弾を撃ち込んだ。命中弾をうけた米艦隊は、予期していたごとく日本軍の砲台に猛烈な砲撃を加えてきた。

アメリカ軍上陸地点，西ハゴイ海岸のトーチカ。艦砲射撃で土砂に埋もれ，戦後掘り出された。遺骨６体収集

小川砲台の小川和吉海軍大尉以下七〇名のうち生き残ったのは、中村春一上等兵曹、相良智英上等兵の二名のみで、六八名が戦死した。柴田砲台の柴田卯助中尉以下七〇名のうち生存者は、渡辺正兵曹、藤田松次郎兵曹の二名でやはり六八名が戦死した。軍属鴇田有線隊森岡利衛（当時一八歳）の証言である。

日本軍の砲撃が開始されると、米艦隊はいっせいに猛反撃をしつつ、上陸用舟艇は反転、艦艇は西方へ退避した。日本兵は撃退成功と歓喜、バンザイを叫んだが、実はこれは綿密に計画された米軍の陽動作戦であった。

米軍は一〇時四五分、再度テニアン港正面に上陸用舟艇を発進させた。守備隊主力が猛反撃したため、輸送船七隻は上陸用舟艇を収容してサイパン方面に退避した。この作戦も陽動作戦をより完璧なものにするための行動であった。

緒方守備隊長は守備隊主力をテニアン港正面に配置したが二度の襲来で、兵力をさらに強化した。米軍は日本軍の主力をテニアン南部に釘付けにしておいて、守備が最も手うすな西ハゴイ海岸へ一挙に上陸を敢行した。

守備隊長は敵の上陸地点を、港正面、西ハゴイ海岸、アシーガ湾と想定していた。米軍上陸の前日の砲撃は港地区一九六〇発、アシーガ地区九六〇発、西ハゴイ地区ゼロであったから、西ハゴイは上陸予想地区から除外し、麻生隊三〇〇名を守備にあてたにすぎなかった。

制空権も制海権も失った日本軍の動きと配備状況は、米軍偵察機によって手にとるようにとらえられていた。米軍は上陸時刻が近づくと、海岸に接近した艦艇が西ハゴイに向けて一斉に艦砲射撃を開始した。さらにサイパン島アギグァン岬に配置した一五六門の重砲も、西ハゴイに向けて集中砲火を浴びせた。陸と海からの砲撃は激烈をきわめ、西ハゴイの地形は一変し、麻生隊は全滅した。

麻生隊は、「敵上陸」の狼火を一発射ち上げ、伝令を守備隊本部へ走らせるのが精いっぱいであった。通信施設がすべて破壊されていたため、伝令によるほか状況伝達の方法がなかった。

午前六時五〇分、上陸用舟艇一五〇隻が一挙に西ハゴイ海岸に殺到、海兵隊三個連隊が上陸した。米軍はたいした抵抗もうけず、午前八時には第一飛行場と第四飛行場に侵入した。そして、午後四時頃までには歩兵三個大隊と、戦車一〇両が上陸、幅八〇〇メートル、縦深約一六〇〇メートルにわたって橋頭堡を確保した。

米軍第五海兵隊司令部では、兵員、物資の揚陸に有利なテニアン港を上陸地点とする主張もあったが、守備隊の配置、陣地、地形、すべてを調査しつくしていた海兵隊司令部は、西ハゴイ海岸を上陸地点に決定した。その決定条件のなかに、第一、第四飛行場の確保が含まれていた。

緒方守備隊長が伝令によって西ハゴイへの米軍上陸を知ったのは正午過ぎである。緒方は米軍占領の橋頭堡の奪還を決意し、「二二時ラソー山東側戦闘指揮所ノ洞窟前ニ集合セヨ」の命令を伝達するために、各地区に分散する部隊に伝令を走らせた。通信網が完全に破壊され、伝令だけが頼りだった。

命令をうけた各部隊の戦闘指揮所への移動は容易なものでなかった。米軍の艦砲射撃と艦載機の銃爆撃は間断なく行われ、昼間の移動を不可能にした。各部隊は夜を待った。しかし、夜になると米軍は照明弾を射ち上げ、昼をあざむく明るさは部隊の移動を困難にし、集結時間に間に合わない部隊もあった。

多少のずれはあったが、二四時を期して日本軍の攻撃は敢行された。南西チューロ方面から松田大隊、中央日の出神社方面から和泉大隊、北東第一飛行場方面から神山大隊、約二五〇〇名が米軍陣地に総攻撃をかけた。しかし、兵力、装備、火器の差はあまりにも大きく、松田大隊長、和泉大隊長、神山大隊長は戦死、奪還部隊は全滅した。

米軍は日本軍の夜襲を予測、螺旋状鉄条網による厳重な陣地を構築していた。そのうえ聴音機による敵接近の察知、照明弾による動勢把握、戦車、迫撃砲、歩兵砲、自動火器、火炎放射器などによる猛烈な弾幕は、日本軍を全滅に追い込んだ。「我ガ兵ハ勇敢ナリ然レドモ敵ノ装備ハ夫以上ナリキ」。緒方の血を吐く思いの報告を、大本営はどう受けとったのであろうか。

テニアンにおける日本軍の組織的戦闘は、これが最初で最後であった。米軍はサイパン戦で三四六五名、五パーセントの戦死者を出したのを教訓に、テニアン戦の進撃は緩慢なものであった。そのため、日本軍残存兵と民間人はカロリナス台地に退避することができた。

八月一日、米軍は「テニアン占領宣言」を行った。しかし、カロリナス台地のジャングルのなかには、緒方守備隊長はじめ約一〇〇〇名の残存兵と民間の義勇隊が隠れていた。八月一日夜半と二日夜半から三日払暁にかけて、日本軍は米軍突出陣地を急襲。緒方守備隊長はじめ将兵はことごとく戦死、テニアン島における戦闘は「玉砕」によって締めくくられた。

テニアン島における日本陸・海軍の戦死者約八〇〇〇名、民間人の戦没者約三五〇〇名、計一万一五〇〇名の悲劇が、日本本土空襲、広島・長崎への原爆投下につながるとは誰も予測できなかった。しかし、少なくても戦争指導者たちは、マリアナを失えば、ここを基地とするB29の本土空襲が必ずあることはわかっていたはずである。それにもかかわらず本土防衛上最も重要なマリアナ諸島を見すて、なおも戦争をつづけようとしたのである。

マリアナ基地を発進したB29が初めて東京の中島飛行機武蔵工場を爆撃したのは、一九四四年（昭和一九）一一月二四日のことである。この日を境にB29の空襲は毎日のように行われ日本全国約二〇〇都市の一一〇〇万戸の家屋が焼き払われ、三〇万人の市民が命を奪われた。

初めての空襲から二五五日目、広島に原子爆弾が投下され、二〇万人が一瞬にして殺された。さらに三日後の八月九日、長崎に投下された原爆によって一〇万人が無残な死をとげた。

第二章　テニアン飛行場をつくった人びと

悲劇の原点

旅の同行者、佐々木吉民が、「B29の基地になったノースフィールド飛行場は、日本海軍の第一飛行場と第四飛行場を合併したもので、第一飛行場は日本の囚人たちがつくったものなんです」と語りはじめた。

佐々木吉民は一九四〇年（昭和一五）三月、チューロ尋常高等小学校（つぎの年にハゴイ国民学校と改称）を卒業するとすぐ司法省J地（テニアンの防諜暗号名）構外作業所医務課に就職、富田信二刑務医務官付となった。

「お国のためだという意気込みでつくった飛行場から、B29が飛び立つなんて皮肉なもんですね。その上、この飛行場が目的で米軍が上陸し、菊池さんの家族と一緒に私の父も母も兄も姉も、その子供たちも含めて二三人が、マルポの井戸の近くで、手榴弾で自爆したんです」

佐々木はことばをつまらせた。

佐々木吉民、菊池郭元、同行の二人はテニアンで生まれ、小学校時代を過ごした。太平洋に戦雲がたちこめると、南の楽園は飛行場の建設で軍事基地となり、ついには開拓移民も玉砕戦に巻き込まれた。条件のよい平坦な島に航空基地がつくられたために、米軍にねらわれ、悲劇を生んだ。

その原点となった囚人部隊の飛行場建設はどのようにすすめられたのか。その答えは国会図書館所蔵の『戦時行刑実録』（財団法人矯正協会長・正木亮）にあった。一三一一頁の大著である。

日中全面戦争がはじまって二年、戦線が拡大され、日本軍の占領地は点としての存在であり、不安定なものであった。武漢三鎮を占領したという報道が大きく取り上げられてはいたが、中国戦線は泥沼化していた。

一九三九年（昭和一四）、ナチス・ドイツがチェコを併合、イタリア軍がアルバニアを占領、ヒトラーとムッソリーニの電撃的な活躍が連日のように報道された。日本の軍部はヨーロッパにおける独伊侵略軍のきわだった活躍にひきずられて、日独伊三国同盟の締結に積極的に動きはじめた。

九月一日、ヨーロッパで第二次世界大戦の火蓋がきって落とされると、日本はファシズム陣営に加担し、イギリス、フランス、オランダと対立、後にはアメリカと対立する立場を鮮明にしていった。

こうした世界情勢のなかで、日本の軍部はドイツの電撃的進撃に便乗して南進を決意、勢力の拡大を画策した。イギリスの植民地マレー半島、フランスの植民地インドシナ、オランダの東南アジアの植民地を一挙に日本の勢力圏に取り込む計画が進められた。

こうした世界情勢を背景にして、南洋群島（ミクロネシア）に飛行場を建設する計画が打ち出されたのである。

囚人部隊の出役

海軍省の逸見技師が、東邦彦横浜刑務所長を訪ね「南洋群島に海軍の飛行基地を建設するので、受刑者二〇〇〇名を出役させてもらいたい」旨申し入れたのは、一九三九年（昭和一四）九月上旬、日本が太平洋戦争に参戦する二年前のことであった。

そして、九月二六日、海軍省の嶋津中佐が正式に司法省に対し、囚人の出役を要請した。東邦彦横浜刑務所長は、前例がないので即答は避けたが、緊迫した世界情勢のなかであり、上申することにしたと『戦時行刑実録』には記されている。大日本帝国海軍の航空基地テニアン島第一飛行場建設は逸見技師の横浜刑務所訪問によってはじまった。

同じ年の八月、アインシュタイン博士がルーズベルト大統領に原爆の研究が急を要するという内容の書簡を出している。これが、大統領が原爆について考えるきっかけとなった。日本海軍が建設した基地が、六年後には米軍の原爆基地になることなど誰にも予想できることではなかった。

『エノラ・ゲイ』（ゴードン・トマス、マックス・モーガン＝ウィッツ、松田鉄訳）によると、一九三九年八月二日、アインシュタインはルーズベルト大統領に「ナチス・ドイツの核分裂に関する研究が進み、強力な爆弾（原爆）が製造される段階に到達するかもしれない」と警告した。

一〇月一一日、大統領は「現段階では時期尚早である」とした。しかし、仲介に立った金融家アレグザンダー・ザックスは、翌日再度大統領に会いナチス・ドイツの危険性を力説した。大統領は「ナチス・ドイツに我々をぶっとばさせたりはしたくないということかね？」と念をおした。

大統領は軍事補佐官、エドウィン・バー・ワトソン将軍に、「これについて処置をとってくれ」と、アインシュタインの手紙と参考書類を手渡した。

「バー……行動だ」ルーズベルト大統領のこのことばが、アメリカの原爆研究、マンハッタン計画の出発点となったと『エノラ・ゲイ』は記している。

東横浜刑務所長は海軍省の逸見技師から囚人出役の要請をうけた翌日、司法省秋山行刑局長に上申した。満州事変を境に刑務所も戦争とは無縁でなくなっていた。所内の工場では弾薬箱、救急箱、木銃、軍服、戦闘帽、看護服、火薬缶、軍靴などがつくられ陸、海軍に納入していた。

日中戦争がはじまって三年、日本の武力による侵略に脅威をいだく米英と日本の関係はますます険悪なものになりつつあった。また、ヨーロッパではナチス・ドイツがポーランドを侵略、英・仏がドイツに宣戦布告、ヨーロッパは風雲急を告げる情勢であった。

こうした世界情勢と日中戦争が拡大される状況を背景に、海軍省は正式に司法省行刑局に受刑者の南洋出役を要請した。これを受けて行刑局では、秋山行刑局長、第一、第二、第三課長、事務官、衛生官などが、横浜刑務所長をまじえて連日局議を開いた。

「監獄法」によると刑罰の執行は定められた懲役監で行うもので、たとえ日本の委任統治領であっても、そこに日本の監獄法を適用して行刑を行うのは違法であるというのが局議の一致した意見であった。

しかし、日米間の戦雲がいよいよ急を告げ、日本の生命線である南洋群島に軍事航空基地を建設するため、ぜひ囚人二〇〇〇名を出役させてもらいたい、という海軍の強い要請を無視することはできない。

そこで「船を島の海岸に碇泊させ、そこから受刑者を毎日作業場に出役させることにすれば、法律上の問題は解決する」という苦しい結論を引き出した。

法制局第二部長も行刑局の提案を了解した。法制局も詭弁的な拡大解釈であることは十分承知していた。提案者の一人である川辺第二課長は「これは名目上の解釈で、議会で問題になった時の答弁材料でしかなかった。実際には島に舎房をつくって生活することにした」と語っている。

行政局、法制局段階での海軍省の要請受諾の方向は決まったが、省議にかけなければならない。

秋山行刑局長が、宮城長五郎司法大臣に、南洋群島への囚人二〇〇〇名出役の経過報告をすると、大臣は「やろう」と即断した。秋山局長は「南方出役の件は、すでに海軍大臣から司法大臣に話が通じているように感じた」と語っている。

一九三九年（昭和一四）一一月一日、「南方構外作業出業に関する契約」が、海軍省と司法省の間で正式に成立した。契約内容は次のようなものであった。

一、横浜刑務所は海軍省に対して労務を提供する。

海軍省は受刑者一人につき一日一円三〇銭、付帯経費一円一〇銭、計二円四〇銭の作業賃金を刑務所に支払う（職工の日給一円五〇銭、デパートガール一円一〇銭、煙草光一〇銭の時代――石上注）。

二、一日の作業過程については現地の部隊長が決定権を持つ。

三、受刑者の出業費は全て行刑費から出す。

四、職員の出張手当ては全て海軍の臨時軍事費から支弁する。

五、六、七略（職員の必需品、物資の購入、食堂、酒保の物品を海軍が支弁する）などが記されている。

この契約が取り交わされる前に「作業適格者調査提出」の通達が一〇月四日、全国刑務所に発送された。「……本工事ハ国防上極メテ重要ノモノニシテ……」と強調、一〇月一五日までに報告せよ、とするものであった。

工期は一年半以上、所要受刑者二〇〇〇名、残刑一年半以上、四五―五〇歳以下の身体頑健者、土木作業に適し逃亡の懸念なき者、行状普通以上にして思想堅固凶暴性なき者を選定の条件とした。除外事項として既往症ある者、胃腸弱き者、殺人、傷害、強姦、猥褻罪、思想犯をあげている。

全国刑務所の希望者二六六六名から二〇〇〇名が選出され、マーシャル諸島のウオヂェ島に一〇〇〇名、マリアナ諸島のテニアンに一〇〇〇名を出役させることになった。テニアン島出役の一〇〇〇名は、土工が最も多く六九二名、職人三〇八名（運転工、石工職、左官職、坑夫、大工、鍛冶、鳶職、銅工職）である。

全国各刑務所から選ばれたテニアン行きの一〇〇〇名のなかには、広島刑務所五七名、長崎刑務所一七七名がいる。飛行場建設に汗まみれになって働いた囚人の何人かは、広島・長崎で被爆し、命を失ったものと思われる。

南方赤誠隊の出発

一九三九年（昭和一四）一二月二二日、横浜埠頭は異常な熱気に包まれていた。桟橋に横づけになった三嘉丸の上甲板には、第一次テニアン派遣の刑務所職員と囚人、ウオヂェ派遣の囚人全員が整列して、壮途を祝福する激励のことばを受けた。囚人部隊は赤誠隊と命名された。受刑者に対して、出征軍人を歓送するかのように、刑務所長が祝辞を述べるのはなんとも異様な光景であった。

三嘉丸が桟橋を離れると、東横浜刑務所長はじめ刑務所幹部、行刑局幹部、職員、海軍関係者など桟橋を埋めた人びとの「バンザイ」を叫ぶ声が出役者たちを緊張させた。東所長や行刑局幹部は、浦賀海上刑務所からさしむけられた愛国丸に乗船して、三嘉丸に港外までつきそい見送った。司法省関係者たちの「お国のために」大きな事業をはじめる、そのまさに出発点をつくったという自負と興奮が、囚人たちを戸惑わせた。

第一次テニアン派遣の赤誠隊の総指揮官は佐藤宇都宮刑務所長。職員は看守長四名、看守三三名、保健技師、作業技師、薬剤師、教誨師、教化事務嘱託各一名。受刑者三〇〇名が乗船していた。ウオヂェ島関係者は職員四名、受刑者三〇〇名である。

三嘉丸が太平洋の波濤をこえて南へ進路をとったのが、一九三九年（昭和一四）一二月二二日午後三時過ぎのことであった。囚人たちは未知の異国での飛行場建設への不安と、「囚人でもお国の役に立つことができる」という説教と、作業賞金や食料が優遇されるという説明に期待をかけていた。

三嘉丸が南へ向けて航行をつづけている頃、アメリカでは、ナチス・ドイツの原爆研究をめぐって、危機的情報が科学者を焦慮させていた。一〇月に予算六〇〇〇ドルではじめられた原爆研究への不満と不安であった。ドイツが先に原爆の製造に成功すれば、どうなるのかという恐怖が科学者の間で議論を呼んでいた。

囚人たちはこうした世界の情勢を知るよしもなく、官給品などの整理や雑役に時を過ごしていた。彼らは全国の刑務所から横浜刑務所に送られ、そこで衣類や寝具の支給をうけた。単作業衣三組、単常衣二・五枚、褌二・五枚、帯二・五枚、手拭二・五本、夏蒲団一・二組、枕一・二組、給作業衣及綿入チョッキ一組（コレハ横浜滞在中オヨビ船中ノミ）（端数があるのは平均を示すものであろう——石上注）。これらはすべて青色であった。そのため囚人を青隊とも呼んだ。

派遣職員の官給品は、ヘルメット、防水マント、官服夏衣袴、剣道防具（看守五人ニ付一組ノ割）、竹刀（防具一組ニ付三本ノ割）、また、非常事態にそなえて拳銃三三、拳銃実包二〇〇〇発、三八式騎銃二〇丁、実包一〇〇〇発、皮手錠、木刀などが用意された。

三嘉丸は静かな海を南へと進む。飛び魚が大きな波のうねりの谷間を銀色に輝いて飛躍する。一日目は囚人たちも洋々とした海の自然に目を見張っていた。二日目、船は大きく揺れはじめた。囚人たちはおし黙り、食欲は減退した。

二五日午前二時二〇分、小笠原諸島の父島に入港、投錨と同時に船酔の囚人たちは生気を取り戻した。志気を鼓舞するため、赤誠隊を二隊に分けて半数ずつ大神神社に参拝させ、島内を見学させた。また、憲兵隊分駐所、警察署を訪問、小さな島であっても警備は厳重であり、逃亡は不可能であることを認識させた。

翌日正午、父島を出港。二七日午前七時、硫黄島に入港、翌二八日午前一時二五分に出港する。硫黄島を出港したあとは、船の揺れにもなれて吐く者もなく食事ははかどるようになった。一二月も押しつまり、内地では雪が降ろうかというのに、気温は真夏に変わっていた。

一二月三一日午前二時、三嘉丸は無事テニアン港に入港した。午前七時、海軍が用意した小型輸送船で上陸が開始された。陸揚げされた荷物と囚人は、トラックと南洋興発株式会社（南興）の砂糖キビ運搬用の軽便鉄道で、島の北端の飛行場建設予定地に運ばれた。

島の南端の港から北の端の工事現場まで、約一八キロの道を膨大な量の荷物を運ぶのに二日を要した。なにしろ職員と囚人一三〇〇名分の食料、仮獄舎用建設資材などを運ぶのだから容易なことではない。米・麦は九〇〇石、味噌二一七二キロ、醤油三万六二〇〇キロ、その他を汗まみれになっての運搬であった。

佐藤部隊長が東横浜刑務所長へ寄せた第一報の一節に「現場ノ状況――一同休憩並ニ散乱セル工事場ノ諸材料運送荷物ノ整理宿舎準備ニ忙殺セラレ一同二日ニ至ル各職員各受刑者ナドノ活動振リハ言語ヲ絶スル状態ニシテ同情ト愉快ノ念押エ難キモノアリ」とある。

炊事場、仮獄舎、職員宿舎の建設が急がれたが、三一日の朝食より一日の朝食までの四食は、南興食料部が用意した握飯が配給された。最も困ったのは水である。飲料水は天水に頼るほかなかった。水槽設備はあったが不十分なので増設を急いだ。構内に井戸を掘りはじめたが、すぐには役に立たず、南に一〇〇〇メートルほど行ったハゴイ池から水を引く工事を急いだ。

到着して一週間たった一月七日までに、アメーバー赤痢にかかったのは、職員二名、受刑者一一名であった。「アメーバー赤痢発生セルモ富田保健技師ハ南興ノ鈴木医師ノ協力ヲ得テ防疫ト治療ニ協力ヲ傾注シタ」と記録されている。富田信二刑務医務官付になったと佐々木吉民が証言した富田医師の職名は「保健技師」と記録されている。

厳寒の日本を出航して約一〇日の旅を終え、灼熱の太陽を全身にあび、囚人たちは汗をぬぐいながら、つぎつぎに運ばれてくる荷物の整理と運搬に忙殺された。こうして一〇〇〇人の囚人たちのテニアン島の生活がはじまり、一九四一年（昭和一六）一一月七日、あるぜんちん丸での最後の引き揚げが終わるまで、一年一〇ヵ月の時間をかけて、海軍航空基地テニアン第一飛行場は完成したのである。

飛行場建設

日米間の緊迫が日一日と厳しさを増していく状況下で、テニアンの飛行場建設は急を要した。能率を上げるため、囚人部隊を正規の軍隊の組織と同じように編成した。司令部の下に総務部、管理部、医務部、教務部の四部門を設定した。

司令部は部隊長の統括下におき、部長会議や中隊長会議で決定された工事計画の実行および指揮監督にあたる。管理部を大隊として司令部の幹部が大隊長（典獄）を務める。看守長を中隊長とし中隊は三つの小隊に分け、看守部長を小隊長、看守を班長とする。小隊は約百名とし、中隊、小隊には特定の隊旗を持たせた。部隊の隊旗は宮城司法大臣が自ら命名し揮毫した「赤誠隊」の隊旗をかかげ、士気を鼓舞した。

仮獄舎は飛行場の西側、西ハゴイ海岸寄りに建てられた。獄舎は軍隊と同じく舎前、舎後に分かれ、真中が通路で約五〇坪ある。高窓には木格子があり、出入口の扉には大きくて黒い鉄の錠がかけられている。

屋根はトタン葺きでスコールがくると激しい雨音が、閉ざされた獄舎内を圧し、南洋へ出役してきたことを実感させた。夜は蚊が多いので蚊帳を吊って就寝する。八畳吊りの緑色の蚊帳に八人が布団を敷いて寝る。蚊帳は舎前・舎後に五帳りずつあり、計一〇帳りが各獄舎ごとの配置であった。

獄舎の北のどんづまりの西側に独房がぽつんと建っていた。小さな独房であったが、囚人たちにとっては大きな威圧であった。獄舎をはさんで東側には大きな受刑者用食堂がある。

食堂の隣にはボイラー室、職員用風呂、囚人用風呂が別々にあった。ボイラー室の南側に職員用炊事場と囚人用炊事場が同じ棟を仕切ってある。その南側に職員用舎屋が長屋式に一列に配置されていて、東端から放送室兼教戒室、所長室（部隊長室）、赤誠隊本部、事務室、売店、職員食堂となっている。

刑務官宿舎と医務室は独立の舎屋である。道をはさんだ南側に海軍の車庫、海軍の本部、兵舎、通信

第一飛行場建設 赤誠隊獄舎見取図

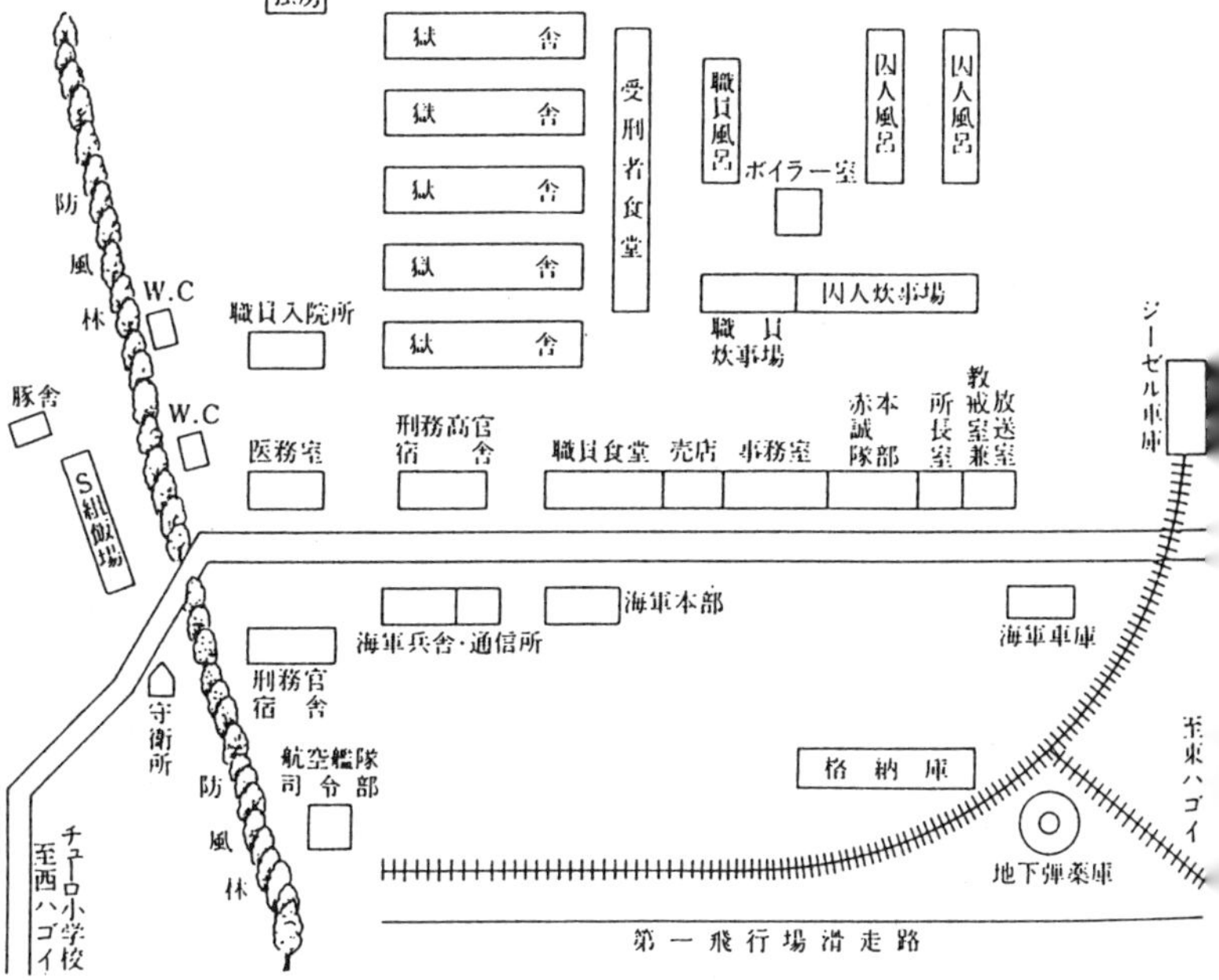

所がある。海軍は下士官と水兵が、五、六人常駐している程度であった。

受刑者と娑婆を仕切る防風林の外側に、守衛所と鉄筋工事など本格的土木工事を請け負ったS建設とH組の飯場があった。

守衛所の前の道を南に下がるとチューロ小学校、西ハゴイ地区に通じていた。佐々木吉民の家はチューロにあったが官舎に宿泊し、医務室に通っていた。

受刑者の起床は早い。午前六時、起床ラッパで飛び起きる。軍隊の新兵の起床と同じで、遅れたり、もたもたしていれば、罵声と革の鞭が飛んでくる。木刀を持った看守もいる。囚人との緊張関係をつくることによって、作業の能率を上げようとする看守の思惑があった。

集合が終わると点呼である。獄舎ごとに二列横隊に整列する。

班長（看守）が小隊長（看守部長）に人員を報告、青隊と看守たちの飛行場建設の一日がはじまる。工事開始は六時五〇分である。それまでに洗顔・朝食・用便をすまさなければならない。朝食はまさに戦場である。配食当番は飯あげが終わると味噌汁を運ぶ。朝食は麦飯と味噌汁と梅干である。

炊事の雑役は重労働をやらずにすむので希望する者が多かった。しかし、起床時間の二時間前から作業にかかり、できた食事は囚人用、職員用ともおかもちに入れて医務室に届け、検査をうけなければならない。医務室がOKをだすと赤誠隊本部から配膳を許可される。朝・昼・夕三食とも厳しいチェックをうけるのが大変な作業であった。アメーバー赤痢に対しては特段の配慮がさなれた。

現場には各中隊ごとに隊旗を先頭に隊列を組んで出動する。日の出は六時四〇分頃なので、青隊が現場に向かう頃、飛行場予定地の東側樹林の背後から朝日が顔を出す。熱帯とはいえ朝は空気がひんやりとしている。青隊たちはすがすがしい空気を胸いっぱい吸うことができた。

初期の作業は整地である。接収した砂糖キビ畑はすでに整地されているが、畑の外側では巨木や大きな岩が整地作業をはばんでいる。これらの障害物はダイナマイトによって爆破された。静かな島の各所で上がる轟音は、大地をゆるがすほど激しく、開拓農民を驚かせた。

二五〇〇メートルもの滑走路の整地は難工事であった。整地が終わると第二段階の作業に移る。長い帯状の滑走路は東西にのび、海軍の測量に従って基礎工事が行われる。飛行場は広大なため三分の一ずつに区切って工事はすすめられた。第一期の工事は各中隊ごとに分割し、さらにそれぞれの小隊が作業種別に工事を分担した。

深さ一メートルほど掘削し、地底を固める基礎工事が終わると、各小隊ごとに種別に作業を分担して能率を上げるように計画された。第一小隊はバラス、砂利、セメント等を準備し、運搬車やミキサーの設備を受け持つ。第二小隊は軽便運搬車用の軌道敷設工事の資材を運搬したり、ミキサーで練られたコンクリートを現場に運搬する。第三小隊は掘削された滑走路の基礎に土砂、バラス、砂利を幾層にも積み固め、地盤上にコンクリートで舗装をほどこす。

炎天下における工事は思うように進捗しない難工事であった。

部隊長と二人の大隊長（典獄）は、毎日小型自動車で作業現場を視察巡回し、囚人の志気を鼓舞した。部隊長、大隊長が作業現場に到着すると、中隊長の指揮で作業停止のラッパを合図に全員整列し「隊長殿に敬礼、頭ぁーなか！」の号令とともに、作業状況と人員報告を軍隊式に行う。

「ここはまさに戦場である。国運を賭した除州戦線、武漢三鎮戦線と同じなのである。お前たちは戦場における兵士と変わりがない。今こそ天恩にむくいるために、国家の聖業に邁進できることを誇りに思って、作業に奮励努力せよ」と、受刑者の自覚を促す訓示が行われる。

時にはそのあと、「部隊長を囲んで大円形を作り、ある時には果実の缶詰、椰子の果汁、またある時は特製の大饅頭を湯茶と共にとり、他愛のない団欒のひと時を過ごすこともあった」と『実録』にある。これは官側の記録であって、そのまま額面通りに受けとることはできない。もしこの団欒風景が日常的ならば革手錠も懲罰房もいらないはずである。受刑者と看守の関係はもっと厳しいものであった。

しかし、作業能率を上げるために果実の缶詰や饅頭がおやつに出されたのは事実である。佐々木吉民の話によると、テニアンの日本人町の佐々木菓子店でつくった大福を青隊のおやつとして納入していた。また、佐々木菓子店のすぐ近くのテニアン郵便局前のケーキ屋から、青隊用のアイスキャンデーを大量に納入することもあったという。

昼食は午前一一時からで、休憩も含めて約二時間である。炎天下の重労働を考慮してのことである。

内地の刑務所の昼食時間は四〇分で、入浴、運動のある日は二〇分に短縮される。テニアンでは熱暑と作業能率を考慮しての特例である。午後一時に作業開始、四時五〇分作業終了である。これは正規の労働時間で、工期を大幅に延長しなければ工事が終わらなくなってからは二部交替制で夜間作業も行われるようになった。

ラッパの合図で作業を終わり、シャベルやツルハシやノコギリを現場の道具小屋に収納する。道具小屋は休憩をとる小隊小屋の近くにつくるのが通例であった。丸太の柱に椰子の葉で屋根をふき、小枝を編んで壁をつくった。飯場小屋のようなものである。

道具の収納が終わると小隊ごとに整列、中隊長の命令で各小隊長は人員を報告、中隊は隊列を組んで獄舎へ向けて行進する。『実録』には、帰隊の具体的な状況は記録されていない。受刑者の記録を見ると、青隊と刑務官の関係は団欒できるほど甘いものでないことが理解できる。

「……各中隊がつぎつぎと、現場からひきあげていた。どの中隊も近くにくると急に元気になり、歩調をとってはいってきた。

『いちッ、にッ！　いちッ、にッ！』

そして風呂場のまえまでくると、分隊ごとにわかれ、二列横隊に整列した。

『気をつけえッ！　右へならいッ！　番号！』

暗がりのなかで点検がすむと検身だった。

私たちはまず、手ぬぐい、帽子、ゲートル、地下たびなど、泥まみれの持ちものを自分のまえの地べたにならべておくと、囚衣のモモヒキのヒモを下にずりさげ、シャツの胸のボタンをはずして検身を待つ」

「……先頭から順に一人ずつ、私たちの足もとの品を、裏がえし、うえから押してみ、下腹部のあたりと、タバコやその他の犯則品を持っていないことを確かめてゆくのである」

「……一つの風呂桶に泥まみれの『土方』の青隊が一個中隊・二、三百人も入るので、まるで肥桶に飛び込むみたいなものだった」

「『モタモタさらすなッ！』

各分隊の看守たちが木刀をにぎって、周囲に立っていて、『いせいのよい』ハッパをかけた。看守たちは青隊をはやく監房に『追い込んで』部長の点検をすまさなければ、宿舎にあがることができぬので、殺気だっていた。

私たちはぬれねずみの裸のまま、囚衣を胸にかかえ、夕暮どきのニワトリのように、ぞろぞろ監房に追い込まれる」

窪田精著『春島物語』の一節で、トラック諸島の飛行場建設にあたった囚人が帰隊した場面を描いたものである。テニアンでも同じことが行われていた。

ここで二つ補足しておくことがある。

号令をかけて歩くのは、集団でも一人であっても、全国刑務所の決まりなのである。また、手は肩の高さまで上げ、足は直角に上げるよう規定されている。

「検身」も全国刑務所の作業場への出入りの時に必ず行われる。毎日二回行われる屈辱的検身を囚人たちは「カンカン踊り」と揶揄していた。舌を出し、口のなかには何も入っていないことを見せる。両手を開いて両腕を高く上げ脇の下を見せる。陰部およびそのまわりも見やすくして、足をできるだけ上に上げて足の裏も見せる。これが検身なのである（『知られざる刑務所のオキテ』安土茂）。

普通の人では考えもおよばない歩行の強制、毎日繰り返されても屈辱感のうすらぐことのない検身、この二つの例を取り上げただけでも、行刑執行側の構外作業出役の見方とらえ方と、受刑者側の受けとめ方に大きな埋めることのできない落差があることが、はっきりと見えてくる。

行刑側は「希望者で編成された隊員だけに、常に前戦の将兵の如く身を挺して奮闘を誓う者ばかりであった」と記録している。自画自賛のにおいもするが、青隊も「お国のために」役立つことができれば、ということを自問しつつ、炎天下の重労働に耐えたのであろう。

青隊の弱点を知っている行刑側は、

「赤誠隊は、南方行刑の有終の美をかざるために、特に赤誠隊遵則五条をつくって日日精神を高めようとした。

一、天恩ハ広大無辺ナリ　謹ミテ尽忠報国ノ赤誠ヲ抽ンズルコト
一、信仰ハ生活ノ根底ナリ　深ク仏法ニ帰シ敬神崇祖ノ念ヲ昂ムルコト
一、規律ハ貴キ習性ナリ　善ク克己自制シテ遵法ノ精神ヲ体得スルコト
一、健康ハ至宝ナリ　常ニ精神ヲ緊張セシメ　細心ノ注意ヲ払イテ其増進ニ努ムルコト
一、現在ノ任務ハ重大ナリ　和衷協同総員心ヲ一ニシテ其完遂ヲ期スルコト」

このような高邁な指導精神をふりかざして飛行場建設に従事させようとした。しかし、看守と受刑者の関係は、内地の刑務所からの延長線上にあるので、構外作業だからといって変えるわけにはいかない。

第一航空艦隊司令部の廃墟

両者の関係は一般市民の理解の外にあった。

国のため工事完成を期す

マーシャル諸島のウオヂェ島の滑走路は一九四一年（昭和一六）一月には完成し、作業に携わった人びとは、一月二八日、寿山丸、二月八日、武庫丸で内地に引き揚げた。

ウオヂェ島作業完了の情報が入った時、テニアンの工事の完成度はまだ約五〇パーセントであった。

九月完成の予定が大幅に遅れたのは、海軍の追加工事が多かったからである。『実録』にはA・B弾薬庫の工事、兵舎および付属建物工事としか書かれていない。しかし、現在の戦跡を見ると、工事が青隊およびS建設、H組だけでは足りず、開拓農民も動員して行われたようである。

第一航空艦隊司令部は一メートルもある鉄筋コンクリートの角柱に支えられる堅牢な要塞のような建物である。いまは外壁のすべてが米軍の猛烈な砲爆撃にあって失われているが、建設の苦労が想像できるほど、手のかかったものである。

島の中央や東寄りにある通信司令部には、艦砲射撃の巨弾を浴びた弾痕が無数に残っているが、貫通したものは一つもない。当時の技術を結集してつくられたものといわれている。

第一航空艦隊司令部の北側にある発電所は半壊しているが、残ってはいるので、鉄筋の組み方の綿密さを検証することができる。そして、艦砲の破壊力の凄さを飴細工のように曲った鉄骨と何ヵ所もの砲弾が貫通した壁面が証明している。

弾薬庫の工事は一番の難工事であったと思われる。『実録』にも書かれている高さ二〇メートルほどもある自然の岩盤の絶壁を、横一〇メートル、奥行き二〇メートルほどくり抜き、約一メートルの鉄筋の角柱を穴の両側に立て、鉄の扉をつけたものである。上空から発見されないようにつくられた弾薬庫だが、完膚なきまでに破壊しつくされている。

専門の土木技術者や組の鉄筋工や民間土木会社の労働者の下働きとして、青隊は作業に参加した。それでも人手が足りず民間移民の農家からも人手を借りて、なんとか工事の完了を早めようとした。

工事が遅れたもう一つの原因は、刑務官の士気のおとろえにあると『実録』は指摘している。すでに、ウオヂェ島の受刑者が帰還したというのに、テニアンの工事はやっと半分でき上った程度である。熱暑の島にあと一年いなければならないと思うと、暗澹たる思いであったろう。

また、受刑者一〇に対し看守一という割合は、職員の精神的負担を大きなものにした。部隊長は看守に対して「戒護の態度は内地以上に注意し、執務にあたっては、収容者を視線外に置かざるように」と指示した。しかし、看守の絶対数が少ないため、立場は逆転、囚人に監視されているような圧迫感にとらわれる職員もいて、ノイローゼにかかる者もでる状況であった。

部隊長は佐藤備六郎から米倉忠治に交代し、米倉部隊長は精神的・肉体的困難をのりこえて作業に専念させるために、東横浜刑務所長に「テニアンの職員に表彰状を授与」するように上申した。また、可能なかぎり職員を交代させ、志気を鼓舞し工事を進捗させようとはかった。

一九四一年（昭和一六）四月には、部隊長は牟田初太郎に交代した。契約書にある九月竣工が無理なことは明白であった。行刑側にも責任があった。しかし、海軍省からつぎつぎに工事の追加指令が出されたのが遅延の大きな原因になっていた。それに加えて、器具、材料、人手の不足が工事の進捗をはばんでいた。

牟田部隊長は工事中途で海軍側に引き継ぎ、契約期限の九月末には引き揚げるかどうか迷い、東横浜刑務所長と協議を重ねた。工事が開始されて一年四ヵ月、刑務官も受刑者も疲労の極限にきていた。しかし、「時局ハ益々切迫セル状態ニ之有……」「中途ニテ引渡スコトハ国家的観念ヨリシテモ妥当ナラズ」と行刑局の結論が伝達され、牟田部隊長はいくつかの条件を提示して、目的完遂の指示を受け入れることにした。

第一に職員、受刑者のうち不適格者一二〇名を帰還交代させる。四月までに六八〇名、六月までに五七〇名、九月までに二四〇名の受刑者を増員する。また、農業移民も使役することにする。さらに専門の技師および技能者、特に防空壕や下水溝等の工事に必要な堰板造りの大工、弾薬庫や司令部の鉄筋工事に不可欠な鉄筋工を早急に送る。

第二に弾薬庫、司令部など追加工事に必要なセメント、鉄筋、木材等の材料およびセメントミキサー、運搬用トラック等緊急を要する器具などを至急送致するように要請した。

横浜刑務所は陽明丸で職員一二三名、技能受刑者八〇名をテニアン島に急行させた。牟田部隊長は竣工を一日でも早くするため、工事を二部制にして昼夜休むことなく、突貫工事を行った。

工事の完成を急ぐためには食糧の獲保が最重視された。現地で調達できるのは南興の砂糖だけである。米、麦の主食、野菜、魚、肉類など副食もすべて本土から運ぶよりほかに方法はない。

二五〇〇キロの航海を終え、テニアンを間近かにして東郷丸が台風で座礁した時は、出役者たちに致命的な打撃をあたえた。部隊ではパンの実、タロ芋、タピオカなどで急場をしのぎ、漁撈隊を組織して魚をとり、栄養の補給に努めた。熱暑に耐える労働力を確保するには、食糧の充足は重大問題であった。

医務室では食糧不足による発病を防ぐ策として、注射でビタミンの不足を補うことに努めた。富田医官はテニアン在職一年六ヵ月の間に、ビタミンの研究に取り組みビタミン研究の大家になった、と佐々木吉民が話していた。

医務室には富田、青山、吉田、松村の四人の医務官、佐々木吉民（当時一五歳・雇員）と、囚人の使役五人が勤務していた。佐々木が見せてくれた昔の白黒の海水浴の写真には、「矢田久三郎、十五年十二月五日　撮映」とあり、〇印のなかに「検閲済証・十六年四月十八日・南洋庁サイパン支庁」のゴム印が押してあった。もう一枚のゴールデンシャワー、西ハゴイ海岸の北側の海の海水浴の写真には、囚人も写っており、検閲印がなかった。

牟田部隊長は作業能率促進のため、二五〇〇メートルの滑走路が一本完成した祝いをかねて、演芸会の開催を許可した。会場には獄舎の手前にある大きな集会場が使われた。青隊たちの目の色が変わった。どこから材料をさがしてつくる者、着物を縫う者、草履をつくる者、獄舎の内も外も活気づいた。どこから材料をさがして、どうやってつくったのか、どれを見ても美事なでき栄えであった。

滑走路ができると海軍の関係者が飛行機で飛来して、未完成の滑走路、誘導路、追加工事の弾薬庫、司令部などの完成を急ぐように強く要請するようになった。四月には第四海軍建築部長鈴木技師、同土木主任逸見技師、J地建設主任淵田技師が来島、「刻下逼迫セル国際情勢上、最モ急ヲ要スル国防ニ当ル工事ノ重要性ヲ考ウルトキ万難ヲ排シテ完成ヲ期スルモノ」と強調した。

「国防上重要ナル聖業」とか、「国運ヲカケタ重大工事」などと「国家ノタメ」を前面に出されると、どんな困難な状況にあろうとも、一切批判したり抗議できない厳しい状況下にあった。刑務官も青隊たちも、熱暑と疲労に草臥れ果てた体に鞭打って工事に取り組むほかなかった。

第三章　日米太平洋戦略のちがい

人と機械

最後に残った工事は司令部と弾薬庫の建設であった。司令部の鉄骨は内地から到着した鉄筋工によって順調に鉄骨が組みあげられていった。司令部は平地に建てられているので、コンクリートの運搬も容易であり、仕事の成果を目にすることができたので、青隊たちも張り切って作業に打ち込んだ。

一方、弾薬庫の方はなかなか工事が進捗しない。空から見ても隠蔽できるように、岩山をダイナマイトで爆破して五〇メートルほどの切り通しを掘削、突き当たった垂直の岩盤に横約一〇メートル、高さ二〇メートル、奥行き二〇メートルの洞窟型弾薬庫をつくるのだから、容易な作業ではない。

その上、切り通しの小山に視線をはばまれ、作業の進み具合もよくわからない。おまけに切り通しの両わきの小山に巣をつくる蜂と蟻に悩まされた。大きく砕かれた石をモッコで担ぎ、運び出すのも一苦労である。青隊たちは野生の小さく赤い唐辛子の実を噛み、強烈な辛さを刺激にして作業に取り組んだ。

海軍は「国運ニカカワル重大ナル工事」であると、意気込んでいたが、工事は人力だけに頼っていたので、完成に二年近くかかった。

囚人たちが一番苦労してつくった切通しの奥の弾薬庫

アメリカではブルトーザー、パワーショベル、さく岩機などの重土木機器での掘削が常識になっていた。日本とアメリカでは戦争の準備をはじめる段階から、科学的発想と合理的な取り組みの面において、すでに大きな落差があり、日本はその差を神がかり的な精神主義で埋められると錯覚していた。

軍事基地設営の工法の差が大きかっただけでなく、戦略の認識の差はもっと大きかった。アメリカは第一次世界大戦が終わるとすぐ太平洋における戦略の検討をはじめた。仮想敵国は日本である。太平洋戦争がはじまる二〇年も前にアメリカはすでに日米開戦を想定して、太平洋における島嶼作戦のマニアルの作成に取りかかっていた。太平洋におけるアメリカの軍事拠点はハワイ、グアム、フィリピンだけであった。ところが日本は第一次世界大戦後、マリアナ諸島、カロリン諸島、マーシャル諸島を委任統治領とし、太平洋において軍事的に優位な体制を確保した。そのため、アメリカ海軍は大きな危機感をもった。

太平洋戦略の弱点を憂慮した米海兵隊幕僚アール・H・エリス少佐は、ハワイ、グアム、フィリピンを前進基地として、太平洋に点在する日本海軍の前進基地を攻略する構想を立てた。

「ミクロネシアにおける前進基地作戦」、エリス少佐の研究論文は、一九二一年（大正一〇）七月二三日、作戦計画712Dとして正式に承認された。エリスは日本の戦力を客観的に評価し、強大な日本軍の侵攻を予測して、この戦略的作戦を遂行するには、「水陸両用作戦」を敢行する必要があることを説き、水中破壊チーム、海岸設営隊、艦砲射撃、信号隊、航空爆撃支援等の作戦を提言した。

この作戦計画は太平洋戦争におけるアメリカ海兵隊の作戦遂行に役立てられた。エリスが主張した対日侵攻のための、太平洋諸島を制圧し、海軍および陸軍航空隊の前進基地を確保することの重要性について、詳細かつ具体的な研究、実験、改良、演習が行われていた。

一九三三年（昭和八）、海兵隊装備委員会が設立され、水陸両用作戦によって、島嶼の敵前上陸を成功させるために特殊装備の開発が行われていた。船首の鉄板が前に倒れ、人員・車両の渡り板となるような効率的な「上陸用舟艇」も開発されていた。

また、大砲や三〇トン戦車を乗せることのできる「平底船」の開発がすすめられ、四年にわたる失敗と改良と実験を繰り返して完成し、戦車揚陸作戦を成功させた。

上陸部隊支援のための「水陸両用上陸装甲車」は、第一号、第二号、第三号と欠陥が改良され、実戦に役立つものが完成したのが一九四〇年である。「水陸両用作戦」を提言したエリスが死んでから一七年の歳月を経て机上の計画は実現した。いまもテニアン西海岸寄りに、その一輌が赤錆びて残っている。

エリスの提言を引き継いだ海兵隊が果たした功績は二つある。一つは建て前として「侵略」を否定する記録を残したことである。もう一つは、最も危険をともなう敵前上陸を敢然とやり抜き、第一線での戦闘を勇敢に戦い抜く海兵隊員の頑強な体力と、勝利をかちとる強靭な精神力を育成したことである。

仮想敵国日本に対して緻密な作戦を立てること自体、侵略計画のそしりをまぬかれない。ところがエリスはこの点を予想していた。

「われわれは一貫して不侵略を考えているが、いずれワールド・パワーの一つである日本が戦争を引き起こすであろう。日本はわが艦隊を破壊するに足る十分な戦力を保持していると信ずる」と、日本の攻撃を予言し、計画が侵略を意図するものでないと釘を刺している。そして、太平洋戦争はエリスの描いたシナリオ通り、日本海軍機動部隊の真珠湾奇襲攻撃で開始された。

「水陸両用作戦」を実行するには、特殊装備と強い海兵隊員が必要である。最も危険な敵前上陸を敢行できる体力づくりは新兵教育で行われていた。匍匐前進、障害物踏破、渡河訓練、鉄条網突破など、体力の限界に挑む過酷な訓練が徹底して行われた。

また、祖国アメリカを守り抜く愛国心、規律、忠誠、友愛の精神的鍛練が徹底的に行われた。勇猛な日本軍と戦うにはそれをこえる体力、精神力が要求されたのである。

エリスは作戦計画712Dを書き上げた後、自らの戦略計画を現実に確認するために「日本の統治する太平洋諸島の情報収集」を志願し、許可を得た。

一九二二年（大正一一）八月初旬、横浜に上陸したエリスは、腎炎を起こし横浜海軍病院に収容された。その後、エリスは日本の官憲の目を逃れ、パラオ島に渡った。

エリスは、「予期に反して日本軍はこれらの諸島の要塞化をほとんどやっていなかった。そして、日本側が警戒し隠そうとしたのは、これらの前進基地の防御の弱さであったことがわかった」と南洋諸島が丸腰であることを指摘している。そして、「エリスは一九二三年五月一二日、パラオ島タノールで死亡した。スパイ行動を察知していた日本の官憲によって毒殺されたという説もあるが、彼の死の真相は依然として謎に包まれたままである」と、『アメリカ海兵隊』（野中郁次郎・中公新書）には書かれている。同書が出版されたのは一九九五年五月である。

一九八二年三月三〇日午後、筆者はパラオのコロールに住む八一歳の元コロール警察署長オイカワに会った。そして、「若い時、憲兵隊の命令をうけて、私たち警官と憲兵でアメリカのスパイを毒殺したことがある」という話を聞いた。そのアメリカのスパイとはエリスのことではないのか。エリスの死んだ年を逆算してみるとオイカワは二二歳である。肩書にパラオ警友会会長とあり、長く警察の職にあったことは間違いない。ただし日本統治時代は、原住民を正規の警察官には採用しない制度があったので、南洋補助警官を命じられたものと思われる。

アメリカ海兵隊がエリスの「水陸両用作戦」のマニアルを基本にすえて、二〇年も前から太平洋侵攻作戦を練っていたことを、日本海軍も司法省も知ることはなかった。日本海軍は戦雲急を告げはじめて初めて、汗まみれ泥まみれの青隊を叱咤激励、人海戦術をもって航空基地の完成を急いだのである。

アメリカ海兵隊の日本侵攻作戦計画のなかにテニアン島が含まれていたのは当然のことであった。テニアン上陸作戦とテニアン戦は、エリスのマニアルをそのまま用いて、海兵隊員の戦死を少なくした。また、余裕をもって作戦を遂行し、しかも九日間という短い戦闘で占領宣言が出せたのは、テニアンのほかになかったといわれる。その上、米軍は日本がつくった飛行場を手に入れ、日本本土空襲の拠点とし、広島と長崎を原爆攻撃する基地にしたのである。

米軍がテニアンを占領するまで、いくつもの戦場で「水陸両用作戦」が行われた。敵前上陸を強行する戦闘の成功と失敗が検討、研究され、マニアルは修正され書き加えられていった。

ガダルカナル戦では「水陸両用作戦」の研究に取り組んでいた第一海兵師団長アレキサンダー・A・バンデグリフト海兵少将が指揮をとった。

制空権、制海権の争奪戦が展開された第一次ソロモン海戦では三川艦隊が勝利をおさめた。また、ガダルカナルでは、米軍海岸橋頭堡に食糧、弾薬、資材を大量に揚陸中、一式陸上攻撃機とゼロ戦が揚陸船団を襲った。揚陸掩護の米第六一機動部隊の主力は、司令官の許可をとり戦線を離脱し、バンデグリフトを落胆させた。

ガダルカナル争奪戦が開始された当初、米軍の作戦は思うようには展開しなかった。しかし、米軍には八月に完成した日本軍の飛行場を占領、制空権を確保し、太平洋における戦況を一挙に変えようという固い決意があった。

一方、大本営陸軍参謀本部はガダルカナル戦は一過性の作戦であると軽く判断し、グアムから内地に帰還途中の一木支隊二〇〇〇名に対し、ガダルカナル島の奪還を命じた。一木清直大佐は、「ツラギもうちの部隊が取ってよいのか」と、第一七軍参謀にたずねている。日米の一大決戦がまさに行われようとしている重大な時にあたって、大本営と第一線指揮官の無頓着と無知が、大敗北を喫する原因となった。その結果、二万一一〇〇名もの犠牲者を出し撤退する羽目になったのである。

ガダルカナル戦は「餓島」の別称を与えられるほどの餓死者を出す敗北であった。大本営はこの失敗を戦訓として、後の作戦に役立てようとしなかったばかりか、戦略の失敗をひた隠しにした。さきのミッドウェイ海戦の敗退で「無敵帝国海軍」の神話は消滅し、ガダルカナル戦で「不敗帝国陸軍」の神話は崩壊した。

一方、米軍はガダルカナル戦における教訓を綿密に分析、検討して、「水陸両用作戦」を改良し、つぎの作戦、ギルバート諸島タラワ、マキンの強行上陸作戦に生かした。タラワの守備にあたっていたのは二七三〇名の日本海軍特別陸戦隊であり、陸戦隊と海兵隊、両つわものどもの決戦であった。

タラワ・マキンには一一月一九日早朝から米艦載機およびB24の反復空襲が繰り返され、二〇日からは巡洋艦三隻、駆逐艦二隻が艦砲射撃を行った。タラワに四四四トン、マキンに一一八トンの砲弾と爆弾が撃ち込まれた。二一日早朝、米上陸軍は砲爆撃の掩護のもと、タラワ島に上陸を開始した。日本軍の反撃は激しく、同島で戦死した九九〇名の米軍戦死者の半数が敵前上陸を強行した時の戦死者である。

死闘三日、二三日午前三時、日本軍は最後の攻撃を行い、全滅した。守備隊二六一九名、飛行場設営隊二二一一名、計四八三〇名は最後まで戦い抜き、全滅した。

大本営は一ヵ月後の一二月二一日、「タラワ、マキン、全員玉砕セリ」と発表した。タラワが空襲された時、「米機動部隊ノ牽制作戦ノ程度ナルベシ」と大本営は楽観し、タラワ航空基地を失った。

それにもかかわらず、米機動部隊の「主な進攻路線はニューギニア北岸沿いの算が大きく、マーシャル方面は副路線と判断する」と、またまた敵の動向の読みちがいをした。米軍がタラワ航空基地を確保し、マーシャルの航空基地クェゼリン、ルオットを、次いでブラウンの航空基地を狙い、さらにマリアナ諸島へ進攻して「飛び石作戦」を敢行しつつ、日本上陸をはかろうという意図にまったく気づいていなかったのである。

前記『アメリカ海兵隊』には「マーシャル諸島での勝利を可能にしたのはタラワであった。タラワの研究、分析がなかったならば、サイパン、テニアン、グアムの勝利はなかった」と記されている。

日本統治下の島々を米軍がつぎつぎに占領したのは、局地戦で勝利を獲得するためでなく、制空権を確保して、飛び石づたいに日本本土に迫ろうとする目的をもった戦略であった。その戦略の基本が二〇年も前に計画されていたのである。

太平洋戦争の敗因について、いろいろいわれている。そのなかで一番簡単明瞭なのは「物量に負けた」というものである。造船トン数を比較しても、日本総トン数約三四九万トンに対し、米国は約三五〇〇万トン、鉄鋼、石油、飛行機生産高などすべてにおいて、差が大きかった。

しかし、物量の差だけが敗因ではない。第一線で戦う将兵の命の軽視が、戦略を誤らせた。その過ちに気づかなかったために、敗北が敗北を呼ぶ連鎖反応が繰り返されたのである。戦争指導者たちは最後まで、まったくそのことに気づいていなかった。

「兵隊は一銭五厘で集められる」といわれた。はがき一枚で集められる、という言いぶんである。兵士を教育するのに、どれほどカネがかかるのかを考えない非常識がその根底にあった。それよりもなによりも、人の命の重さを考えなかった。国体（天皇）の安泰だけが価値基準として居座りつづけていた。

一九四三年（昭和一八）五月九日、アッツ島の二五〇〇人全滅を天皇に上奏した際、「御下問も何もなし」と真田日記には書かれている。ところが大本営の作戦記録には、「……奮戦状況更ニ上聞ニ達シ再ヒ優渥ナル御言葉ヲ賜フ　恐懼感激ニ堪ヘス……」と北海守備司令官に打電したと書かれている。

天皇の近くにいた尾形侍従武官は、三〇日の日記に「守備隊ハ昨夜敵集団ニ突入撃砕シ尽ク自決玉砕セリ……是ダケノ大戦争、二千位ノ犠牲ハ数ニオイテハ問題ニ非ス……」と書いている。これが天皇を頂点とする戦争指導者たちの本音である。

一方、アメリカはキスカ島東方三五〇キロのアダック島に、アッツ島の兵士を捕虜にした場合に備えて、三〇〇〇名を収容できるキャンプを急造していた。

絶対国防圏決定の御前会議では、圏外の守備についている三〇余万の将兵は話題にもならず簡単に見すてられた。サイパン放棄を決定した天皇をまじえた元帥会議でも、テニアン、グアムの放棄には触れることもなく、三島の守備隊、在留邦人を含め八万名が天皇の「昨日の上奏のことは差支えなし」の一言で見すてられたのである。

テニアン航空基地の完成

滑走路と誘導路は大体でき上がった。二五〇〇メートルの巨大なコンクリートの帯が灼熱の太陽のもとで白くギラギラと光っていた。サイパンから時々連絡のために飛行機が飛来するようになった。いままで四、五名だった海軍の水兵のほかに、操縦士や整備兵の姿も見うけられるようになり、軍事基地らしい緊張感がただようようになった。

青隊たちには、A弾薬庫、B弾薬庫、兵舎、かまぼこ型コンクリート防空壕や、サイパン、テニアンを結ぶ海底ケーブルの側溝を司令部から海岸までつくる作業が残っていた。作業の見通しがついて、青隊たちも刑務官たちも、表情が明るくなった。

海底ケーブルの側溝のコンクリート打ちが終わると、サイパン水道に小型艦艇や潜水艦が姿を現わした。

「おーい。双眼鏡を持ってきてくれ」と、富田医務官にいわれて佐々木が双眼鏡を渡すと、富田は光る海をじっと見ていたが、「佐々木、戦争は近いな」とつぶやいた。海軍の軍医として軍艦に乗っていた経験をもつ元軍人の勘だろうと佐々木は思った。小型艦艇も潜水艦も、あっという間に作業を終え姿を消してしまった。

工事の見通しが立ったせいか、絶対禁煙の青隊たちに看守がひそかに煙草を吸わせているのを佐々木は目撃したことがあった。厳しい検身の狙いは、隠し煙草の発見にあった。もし隠れての喫煙が見つかれば、懲罰房入りであり、カシの棒で殴る蹴るの体罰をくらう。

司令部の近くの厚いコンクリート造りのカマボコ型防空壕

工事現場では班長の看守が、よく働く青隊のなかから副班長を選び、土方の帳付け（現場監督）をさせた。副班長の青隊には、土掘り、土盛り、トロッコ押し、土取場、モッコ担ぎ、捨場の作業の指揮をとらせた。作業が終わった後、班長がソンソン（日本人町）に買物に行く時、オートバイ（陸王）の後ろに青隊の副班長を乗せて出かけ、荷物運びをさせることもあった。

特に信用のある青隊には、「独歩」の腕章をつけさせて、単独でソンソンに買物に出すこともあった。島の学校では、「囚人は島を守るための飛行場をつくりに来ているのだから、会ったら挨拶をしなさい」と、教師がいっているので、子供たちも、囚人を恐れたり、忌み嫌うことはなかった。内地では想像もつかないことである。

青隊たちは炎熱の異国の孤島で、二年近い重労働に耐える過酷な生活を強られたが、島の人びとが、そして子供までもが白い目で見ることもなく、むしろ感謝の目で見てくれるのに、しゅんとさせられる思いであった。

「独歩」の腕章をつけた青隊は、南興病院で薬と書類を受領、酒保では手に入らない泡盛や軍手、手拭い、木綿のシャツや月遅れの『文藝春秋』や新聞を買い込んで荷台にくくりつけた。内地ではすでに物資が不足していて、木綿製品などは手に入らなくなっていた。

買物はテニアンの役所のすぐ近くの南貿（デパートのようなもの）で用を足した。

買物をすませた青隊が、街はずれの火葬場の前を通って、西海岸沿いのゆるやかな坂道を登りはじめると、右も左も見わたすかぎりの砂糖キビ畑である。左手に砂糖キビを製糖工場へ運ぶ軽便鉄道の線路がある。坂を登りきると、右手の丘陵を埋めつくす砂糖キビの緑が、海からの風に大きく波のようにうねっている。

道をはさんで左手の砂糖キビの緑の傾斜は、海岸線までつづいている。行けども行けども緑の海といった感じだ。開拓農民の十数年の努力で、島の九五パーセントが開拓され、砂糖キビが栽培されている。「独歩」の青隊が、束の間の自由を心ゆくまであじわいつつ、チューロ農区までくると、獄舎まではもう一息である。チューロ小学校の先を右に曲がる。道は細くラソー山へ通じる急な登り坂になる。坂を登りきると道のどんづまりに羅宗神社がある。途中に綿の巨木が天に向かって聳えていて、枝いっぱいについた白い実がはじけ、花のように美しい。その先には五、六人でかかえるほどの千本木が、タコの足のような奇景を見せている。

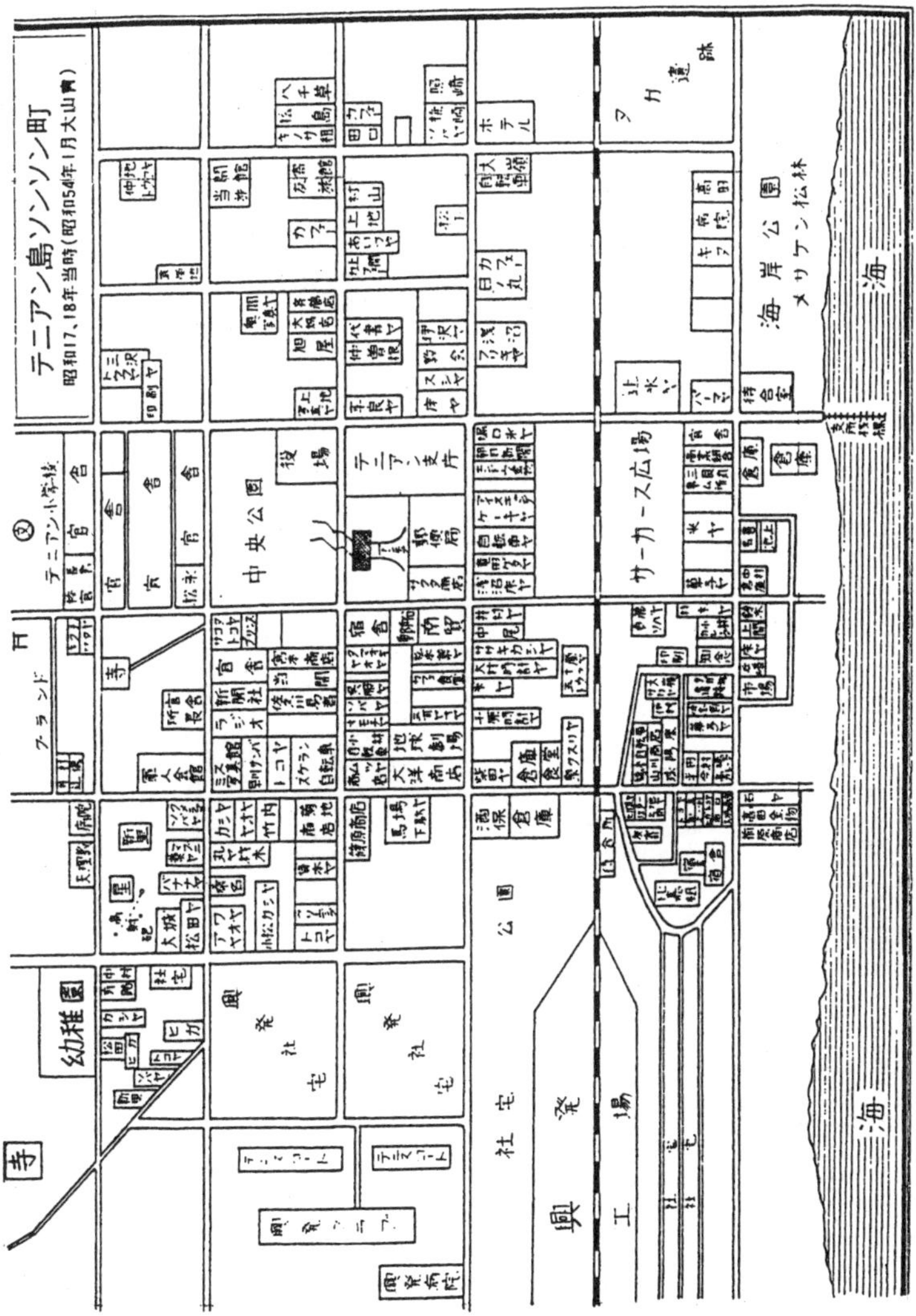
テニアン島ソンソン町
中央公園
サーカス広場
海岸公園
海

そこを過ぎるとすぐ神社である。青隊は千本木の豊かに繁る葉陰で汗をぬぐい、木陰に腰をおろす。夕日はだいぶ西に傾いて、フィリピン海が赤く染まりはじめる。東側の太平洋はすでに夜の気配である。夜と昼を同時に二分する南の海の不思議な夕暮の現象を目にして、自由を満喫した青隊は、帰路を急ぐ。依頼された品を班長の看守に届け、最後に南興病院で受領した薬品と書類を医務室へ届け、「独歩」の任務は終了する。

富田医務官は南興病院の鈴木医師との連絡を密にし、作業所だけでなく島全体の伝染病予防と伝染病が発生した時の患者の隔離や治療、薬品やワクチンの用意などに努めていた。富田は予防医学を専攻していたので、一九一八年、アメリカが行ったパナマ運河の建設では、工夫の大半がマラリヤや黄熱病、赤痢などにかかって倒れ、工事の完成が危くなったことを知っていた。

富田はテニアン飛行場建設作業場の健康管理は、予防医学を基本にすすめようと考えていた。従来の南方における土木作業の死亡率は一二パーセントであるという統計をもとに、一〇〇〇名の受刑者の内の死亡者が一二〇名以下だったら、予防医学の勝利と認めてもらいたいと公言していた。

テニアンは熱帯であるうえに湿度が高い。獄舎は床が低く健康上よくないので、寝台の使用を申請した。なかなか許可がおりなかったが、工期を早めるためと富田はくいさがり、ついに寝台の設置を実現させた。

作業をすすめるにあたっては、特に富田は厳しい指示を出した。

「生水ハ飲マヌコト。作業中ノ裸体ハ厳禁ノコト。スコール後ハ着タママ乾燥サセヌコト。休憩、午睡ハ必ズ充分トルコト。身体ノ異常ハ速カニ申シ出ルコト」以上の五項目を厳しく守るように指導した。その結果死亡者は職員四名、受刑者二〇名、計二四名と一二パーセントをはるかに下回った。

死亡者の内訳はアメーバー赤痢八人、腸チブス三人、肺炎一人、自殺五人、事故死一人、その他の病気六人、計二四人である。

いよいよ工事が完成に近づく頃、日米の関係は一層悪化し、航空基地建設現場だけでなく、島全体が戦争の危機感で緊張した。一月遅れて届いた『文藝春秋』の新年号に「日米戦争は避けられる四一二人（六〇パーセント）、避けられない二六二人（三八パーセント）、不明一一人（二パーセント）」というアンケートの結果が載っていたが、島の人びとの戦争への恐れは、そんな暢気なものではなかった。

テニアン小学校をはじめマルポ、カーヒー、チューロの各小学校は国民学校と名称を変え、綴り方教育や自由主義教育に熱心な教師は左遷されるか、召集され、軍国主義教育が本格的に実践され、学校が国民錬成の道場に変えられた事実を、狭い島の人びとは肌で感じとっていた。

米・英・中・蘭のＡＢＣＤ包囲網が日本を取り囲み、米国は日本に対する石油の輸出を禁止した。ヨーロッパではナチス・ドイツの侵略軍の勝利が大きく報道され、ついに独ソ戦が火ぶたをきり、ヨーロッパもアジアも戦火の拡大は避けられない状況下にあった。日米交渉ははじめられたものの好転する気配すらなく、日本軍が南部仏印に軍をすすめると、戦争の危機は一段と濃くなり、在米の日本資本はすべて凍結された。また、七月には日本郵船の米定期航路を運航していた浅間丸が、サンフランシスコ航路最終船として横浜港を出港した。

太平洋に戦雲がたちこめていた。テニアン航空基地の完成も間近に迫っていた。五月中旬、富田信二医務官は一年六ヵ月の任期を終え、帰国することになった。佐々木吉民が父玉次に富田の帰国のことを話すと、「富田先生にお願いして、お前だけでも日本へ帰りなさい」と玉次は吉民にすすめた。三年後に米軍が上陸すること、戦火に巻き込まれて佐々木一族一三人が集団自決することなどは、予想できるはずはなかった。しかし、島に近づく戦争の恐ろしさをなんとなく予感して、玉次は吉民を日本へ帰す決意をしたのではなかったかと思われる。

富田医務官は佐々木玉次の依頼を引き受け、吉民をともなって横浜丸に乗船、一九四一年（昭和一六）五月三一日、横浜港に帰港した。『実録』の「南方赤誠隊派遣日記」テニアン（J地）赤誠隊・帰還人員（船）の欄に、「昭和十六年五月三十一日、横浜丸・職員一名」と記録されている。日付から見てこの一名が富田信二医務官であることは間違いない。

富田と佐々木が帰国して五ヵ月後、一〇月二三日、一年一〇ヵ月かかったテニアン島海軍航空基地の難工事は完了した。

航空艦隊司令部は要塞を思わせる鉄筋コンクリート造りで、一階に作戦室、事務室、炊事場、風呂場、厠、弾薬庫などがある。二階に長官の部屋があり、東側に立派なテラスがあった。また、司令部から一〇メートルほど離れたところに、コンクリートで厚く固められたカマボコ型の防空壕が五、六個ある。五〇メートルほど滑走路寄りに、航空管制塔が現存している。上部木造の戦闘指揮所はいまはない。

司令部を中心に発電所、弾薬庫がある。『実録』には「A・B弾薬庫の工事」とあるが、現在確認できるのは、弾薬庫一つだけである。これらの建造物の近くの滑走路で、一〇月二三日、竣工祝賀会と海軍への引き渡しの式典が行われた。牟田初太郎部隊長をはじめ全刑務官、全赤誠隊員、海軍関係者が参列した。

受刑者の一人が航空基地が完成した日のことを次のように語ったと、『実録』には記録されている。

「工事が完了した時、サイパンから飛行機が飛んで来て、私達の汗で作り上げた飛行場に着陸した。この時はほんとうに嬉しくてたまらなかった。皆が万歳々々と声をあげて感激したものでした。万歳を叫んでいる皆の目には涙が光っていました」

一年一〇ヵ月の艱難辛苦が実を結んだ喜びが、受刑者たちの涙のなかにあった。

牟田部隊長は横浜刑務所長に対し、「昭和十四年十一月一日横須賀海軍建設部長トノ契約ニ係ル標記工事ハ本月二十三日ヲ以テ全工事ヲ完成シタルニ付及報告候、追テ派遣職員ハ来ル二十七日殉没者ノ建碑並ニ追悼法会ヲ施行シ来月初旬全員帰還ノ予定ニ有之候」と報告した。

一〇月二七日、テニアン赤誠隊殉職者慰霊大追悼法要が行われた。横浜刑務所から佐藤部長が派遣され、刑務協会長正木亮からの弔文と香儀五〇円、西本願寺本山大谷派宗務総長大谷瑩潤から弔文と香儀三〇円が届けられた。

弔　辞

維時昭和十六年一月今次南方構外作業創始以来殉歿者ノ為ニ追弔法会厳修セラルルニ監シ一言以

テ諸霊ニ告グ。諸子ハ南方作業ノ企画セラルルヤ勇躍参加シ現地ノ百難ヲ排シ其ノ使命遂行ニ挺身以テ事業ノ進捗ニ寄与シタルハ詢ニ偉丈ノ貢献ナリ。臨戦下邦家ノ前途益々諸子ニ期待スルトコロ大ナルモノアリシニ、不幸事業半バニシテ其ノ職域ニ殉ジタルハ詢ニ遺憾ニシテ哀悼真ニ深シ。然リト雖モ諸子ガ至誠奉公以テ南方生命線ノ礎石トシテ君国ニ報ジタルハ男子ノ本懐ニシテ仏院大悲モ照覧シ給ウトコロナルヲ思ハバ又以テ瞑スベキナリ。

茲ニ謹而弔詞ヲ呈ス　□クハ饗ケヨ

昭和十六年十月

大谷派宗務総長　大谷瑩潤

「工事現場の近くに赤誠神社を建立した」と記録されているが、現在はその痕跡も残っていない。赤誠隊が一年一〇ヵ月の辛苦の末に建設したテニアン飛行場は、日本海軍航空隊にあまり使用されることもなく、二年一〇ヵ月後には米軍の手中におち、Ｂ29の日本本土爆撃に使用される。

一九四一年（昭和一六）一一月七日、あるぜんちん丸は残留の職員四九名、受刑者一九五名を乗せてテニアン港を出港した。テニアン最後の引揚船である。内地への帰還者とは別に、トラック諸島春島（モエン島）の飛行場建設に転用された職員二一名、受刑者八〇名も乗船していた。春島の飛行場建設にあたった囚人部隊・図南報国隊は、太平洋戦争の真っ只中の孤島春島に四年間閉じ込められ、米軍の空襲にさらされ、地獄の体験をした。

歴史の流れをたどってみると、テニアン航空基地が完成した一九四一年（昭和一六）一〇月二三日には、いくつもの忘れてならない事実が刻み込まれている。

一九三九年（昭和一四）九月二六日、海軍が横浜刑務所にテニアン航空基地建設のために囚人の出役を要請し、一一月一日に海軍省と司法省が契約を取り交わし、一年一〇ヵ月かけてテニアン航空基地を完成させた頃、アメリカは原爆の製造に取り組みはじめていた。この時点では原爆とテニアンは無関係であった。しかし、二年一〇ヵ月後、テニアンは原爆の基地となった。

一九三九年一〇月一二日、ルーズベルト大統領が原子爆弾の研究と製造の許可を出した。赤誠隊の飛行場建設と期を同じくして原子爆弾の研究が行われていたのである。基地が完成して四四日目の一九四一年一二月六日、ルーズベルトは、原子爆弾を製造するために十分な費用の支出を許可するマンハッタン計画を発表した。大統領の決断を促したのは、ナチス・ドイツが先に原爆製造に成功した時の恐怖を、国防研究委員会で訴えた科学研究開発局長バンネバーン・ブッシュ博士の演説があったからである。

この段階では原爆による攻撃目標はナチス・ドイツであった。

マンハッタン計画が始動した翌日、一二月七日（日曜日）（日本時間一二月八日）午前七時二五分、南雲機動部隊の空母から発進した第一次攻撃隊八三機が、真珠湾奇襲攻撃の挙にでた。

「リメンバー・パールハーバー」の声は、全米国民の敵愾心をあおり、原爆とテニアン、原爆と日本を結びつける重大な要因をつくったのである。

第四章　第一航空艦隊航空基地

第二九師団マリアナ派遣

テニアン島には日本海軍の航空基地が四つあった。一番大きいのが航空艦隊司令部のある第一飛行場。第二飛行場は島の中央西海岸寄りにあり、第三飛行場は島の南端ソンソンの北側にある。第四飛行場は第一飛行場の南側に建設された。第二、第三、第四飛行場は、太平洋戦争の末期、六〇〇名の設営隊と陸軍の兵隊の一部と、在留邦人を総動員して建設された。

一九四四年（昭和一九）二月八日、軍と南興は軍民協定を結び四月に調印した。南興はマリアナ地区（サイパン・テニアン）の兵站食糧を全機能をあげて軍に供することを決定した。製糖工場の操業をやめ、社員、作業員、南興移民である耕作者すべてが軍の命令に従うことになったのである。

島に臨戦体制がしかれ陸軍の兵隊が進駐、学校が兵舎になった。校舎を失った学童たちは、飛行場建設に動員された。佐藤照男（当時小学五年生）は、テニアン国民学校・五年担任の杉田教諭の引率で軍の作業にあたった。「米英撃滅、エイ、エイ、オー！」と叫びながら第三飛行場へ向かう毎日であった。農民が珊瑚礁をダイナマイトで爆破してつくったバラスを、子供たちはカレーター（牛車）で飛行場へ運んだ。工事現場の入口で一回ごとに券が渡され、一日の作業が終わると米の特配券をくれた。しかし、米をもらう前に戦火に巻き込まれた。

佐藤照男たち小学生は陣地構築にも動員された。タガビーチからカロリナス台地に向けて、砂浜ぞいにたこつぼを掘った。また、砂を詰めたドラム缶を縦二段に積み、角材を打ち込み、陣地構築もした。人手にたよる緊急軍事施設工事は、小学生の手まで借りなければならなかったのである。

「国防最前線」「国民総動員」のかけ声のもとにつくられた飛行場も、ここから飛び立った飛行機が直接戦闘に加わることはほとんどなかった。海軍航空隊の主戦場は、ラバウル航空基地を拠点として、ニューギニア、珊瑚海、ソロモン海域、ガダルカナル島方面に集中していたため、テニアンは中継基地としての役割を果たした程度で、第一一航空戦隊はラバウルに移動した。

一九四三年（昭和一八）七月に航空決戦部隊として第一航空艦隊の編成計画が実現していれば、島の人たちを安堵させ喜ばせたであろう。

第一航空隊は角田覚治中将を司令長官として、六八六機で編成される航空決戦部隊であった。内訳は戦闘機ゼロ戦二一八機、戦闘機紫電七二機、偵察機四八機、夜間戦闘機月光七二機、雷撃機銀河九六機、急降下爆撃機彗星九六機、雷撃機一式陸攻七二機、輸送機一二機、合計六八六機の計画であった。

角田中将は一九四四年（昭和一九）二月二〇日、香取海軍航空基地を出発し、二一日、テニアンに到着した。

決戦部隊として編成される計画であった第一航空艦隊司令長官着任前後の情勢をさぐってみる。

一九四四年（昭和一九）二月一〇日、満州遼陽の守備についていた第二九師団（高品彪中将）に、大陸命第九三五号により、マリアナ派遣が下令された。師団は「長期演習」という名目で夜間隠密裡に遼陽、海城、鉄嶺を列車で出発、釜山港から安芸丸、東山丸、城戸丸に乗船、師団主力はグアムへ、歩兵五〇連隊はテニアンへ向かった。

二九師団にマリアナ派遣の命令が下令される前年の一九四三年（昭和一八）九月三〇日、第一一回御前会議で絶対国防圏が決定されたが、本土空襲を可能にするマリアナ諸島の守備は、五ヵ月間も放置されたままであった。大本営がマリアナにはそう早く米軍の侵攻はないと楽観的に判断していたためである。

ギルバート諸島タラワ、マキンが空襲された時も、大本営は一過性の攻撃であると判断していたが、一一月二三日、十数倍もの米軍が強行上陸、日本軍守備隊五五〇〇名（タラワ四八〇〇名、マキン七〇〇名）が玉砕した。米軍はタラワの飛行場を占領、制空権を北西に拡大する狙いをもっていた。ついで翌一九四四年二月一日、米軍はさらに北上し、マーシャル諸島クェゼリン、ルオットの日本軍守備隊八七八二名を全滅させ、航空基地を確保した。重要拠点の玉砕とトラック大空襲に大きな衝撃を受けた大本営は、二九師団のマリアナ派遣を急遽決定した。

ところが、二九師団が二月二四日、釜山を出港する五日前、二月一九日にはブラウン環礁のエンチャビ島に米海兵隊三五〇〇名が上陸を強行、約八時間の戦闘で日本軍守備隊一二七六名が全滅した。同環礁のメリレン島、エニウェトク島も含めると日本軍の戦死者は三四四一名である。

米太平洋艦隊司令長官ニミッツ大将は、ギルバート諸島からマーシャル諸島へと制空権を北西に向けて拡大し、日本本土を狙い侵攻作戦を着々とすすめていた。それでも大本営は、日米両軍の決戦場はトラックかパラオとの思い込みを変えようとはしなかった。

こうした情勢のなかを二九師団を乗せた輸送船団は、グアムに向けて航行をつづけていた。二月二九日一七時五〇分頃、大東島南方二〇〇キロの洋上において、城戸丸（九二四七トン）は、敵潜水艦の魚雷二発をうけ沈没、二二〇〇名が海没した。安芸丸（一万一四〇九トン）は、船首に魚雷一発をくらい三〇名が戦死したが、沈没はまぬかれ、無傷の東山丸とともに三月四日、グアムに到着、師団主力はグアム島の守備についた。

船団はサイパンに回航、三月五日、遭難した城戸丸の生存者、歩兵一八連隊の一七六二名はサイパンに上陸した。東山丸の歩兵五〇連隊はサイパンで下船、大発や漁船六隻に分乗してテニアン島に渡り、守備についた。

トラック大空襲

角田中将がテニアンに着任した時、陸軍の守備隊はゼロであった。当時テニアン島の陸上防備も他のマリアナ各島と同じようにゼロに等しく、南方カロリナス岬の突端の砲台も、砲を南東方面に運んだため偽砲にすぎず、もし米軍が上陸侵攻を企図したら、ほとんど無抵抗のうちに占領されたであろう。

「これが昭和一八年九月三〇日、絶対国防圏の構想を打ち出してから約五ヵ月の現地防備の実態であった」と防衛庁戦史室は指摘している。

角田中将はテニアンに着任して、一〇〇機に満たない航空機と防備ゼロの島の状態を目にして愕然とした。

二月二一日、角田着任と日を同じくして、東条英機が杉山元にかわって参謀総長に就任した。

この時点で東条は、マリアナ放棄の構想を胸に秘めていたが、そのことを天皇は知るよしもなかった。しかし、玉砕につぐ玉砕、戦況は最悪で勝算のない状況であっても、なお戦いつづけようとする東条の戦意を認め、天皇は東条の参謀総長就任の要求を認めた。

東条が参謀総長になる経過とその裏側を見ると、二月中旬に満州からグアムに移駐した二九師団主力も、テニアンに移駐した歩兵五〇連隊も、大本営がマリアナを見すてるシナリオにそって、死地に追いやられたといえる。第一航空艦隊も同じである。航空決戦部隊とは計画だけで、実質をともなわないものであった。

角田中将の第一航空艦隊司令長官任命とテニアン島への着任は、トラック諸島大空襲の損害の大きさに衝撃をうけた大本営の緊急決定であった。この情報をとらえた米軍は、二月二三日のマリアナ空襲を決行したのである。

トラック諸島は太平洋における帝国海軍の一大拠点である。大きな環礁に囲まれ、連合艦隊の停泊地として重要な役割をもっている。環礁内には三〇以上の島がある。春島には重爆撃機、秋島には戦闘機、楓島には零戦の航空基地、冬島には電波探知機の基地があった。

一九四四年（昭和一九）二月四日午前八時一五分、トラックの島々に空襲警報が発令された。「モートロック方向より敵大型機一機」と司令部は各部隊に情報を伝え、警報は一〇分で解除された。この情報不足が第一線の将兵を油断させた。

その時、米軍偵察機二機が高度六〇〇〇メートルの上空を通過、航空写真を撮った。敵偵察機は「我トラック偵察ニ成功セリ」と暗号でなく生の報告を打電した。日本軍の動きを見る敵将ニミッツの作戦ではないかと思われる。

連合艦隊司令部はトラック空襲を予測して、戦艦武蔵をはじめ艦隊主力は日本内地へ、遊撃隊はパラオへ退避させた。

二月一五日、トラックを発進した索敵機九機のうち二機が未帰還で、米機動部隊接近の予兆があった。それに気づかなかったのは、「また、偵察機のお出ましか」といった油断からである。油断の裏側には帝国海軍のおごりがあったことも見逃せない。

南洋司令部は二月一六日午前三時、「トラック方面第一警戒配備」の命令を下令した。ところがトラック基地では空襲の気配もなく哨戒機からも異常の報告がないので、午前一〇時三〇分「平常配備」に復し、午後は搭乗員の外出を許可した。その上、参謀は空路東京へ出張した。

二月一七日午前五時、米機動部隊の空母を発進した艦載機は、一挙にトラック各島の航空基地を襲撃した。秋島、楓島の戦闘機四〇機が破壊された。波状攻撃は九波に及び、延べ四五〇機がつぎつぎに襲いかかり、陣地、港湾施設、夏島の重爆撃機の基地を攻撃、秋島、楓島の戦闘機も含めると二七〇機が失われた。

一八日も午前五時から三波に及ぶ空襲で、食糧二〇〇〇トン、燃料一万七〇〇〇トンが焼かれ、黒煙が空をおおいつくした。

また、環礁内外の艦船は逃げることもできず、ほとんど撃沈された。巡洋艦三、駆逐艦五、潜水艦四、潜水母艦二、海軍工作艦、海防艦、給油艦、施設艦、魚雷艇、哨戒艇各一、タークボート三、油槽船六、航空運搬船二、海軍給水船一、輸送船三八、合計七〇隻の艦船が撃沈された（『トラック大空襲』吉村朝之・光人社）。

いまも波静かなトラック環礁には、撃沈された無数の艦船のマストが墓標のように林立している。海の墓場には砲声もなく、南の灼熱の太陽のもとただ静寂があるのみである。

米軍はトラック大空襲の戦果を、南雲艦隊の真珠湾奇襲攻撃の再現であり、奇襲への報復であると評価した。トラック大空襲の損害の報告を受けた陸海軍中央部は、異常な衝撃をうけるとともに、トラック、マリアナの戦備を緊急にすすめることを決定、天皇に報告した。この時点でマリアナの陸軍の防備はゼロであった。

トラックを無力化した米機動部隊は、攻撃目標をマリアナに定め、大本営の予測をはるかにこえる早さで接近してきた。

二月二二日、テニアンの索敵機が「敵機動部隊発見」を打電した後、消息をたった。敵は空母四―五隻、戦艦、巡洋艦四隻、護衛の駆逐艦に囲まれた大機動部隊である。

一八時一五分、雷撃機一六機がテニアンを飛び立った。日没まで一〇分である。夜間雷撃はむずかしい。雷撃と同時に敵の弾幕に突入する。生還したのは三機だけであった。二一時三〇分、第二次攻撃隊五機が暗い海に向かって発進した。雷撃と敵の激烈な弾幕に突入するのとが同時であった。生還したのは一機である。

二三日四時、黎明雷撃を実施するため、第三次攻撃隊一二機が発進した。一機離陸直後に不時着、生還は二機である。第一次、第二次、第三次攻撃で合わせて二六機が未帰還であった。

戦果は空母一隻、大型艦三隻撃沈、空母一隻撃破と報告された。一番機の機長布留川泉大尉はじめ一〇六名の搭乗員が戦死した。少数の雷撃機で大機動部隊に突入を敢行し、ほとんど全滅する凄絶な戦闘であった。こうした軍の状況を島の人びとは知らなかった。

第三次攻撃隊出撃と時を同じくして、米機動部隊空母を発進した艦載機は、六時四〇分、日の出と同時にサイパン、テニアン、グアム、ロタに大空襲を仕掛けてきた。太平洋方面の米空母は、正式空母一六隻、補助空母四〇隻、そのうちの正式空母一三隻が、トラックより移動してマリアナに大挙襲来したものと推定される。

低くたれこめた雲間から、グラマンがつぎつぎに急降下し、飛行場に銃爆撃をくわえた。司令部近くのかまぼこ型防空壕はコンクリート造りで頑丈そうに見えたが、直撃弾を受けると真ん中が裂け、なかで爆発、隠れていた将兵数名の頭部はざくろのように砕かれ、腸も手足も飛び散り、血の海であった。

滑走路の西端にある戦闘指揮所は、厚いコンクリートの壁で銃弾をはね返した。司令部の将兵も、搭乗員も機銃掃射を避けて戦闘指揮所へ逃げ込んだ（『テニアンの空』井上昌己・光人社）。

この日の空襲で第一飛行場の一二〇機をこえる航空機が、壊滅的大損害をこうむった。この壊滅的損害は、後のサイパン、グアム、テニアンへの米軍の上陸を有利にした。また、六月一九日のマリアナ沖海戦の敗北につながる結果を生むことにもなった。

損害は飛行場だけでなく、南興のテニアン製糖工場が破壊され一千万円をこえる被害をだした。トラックを空襲したあと、たった五日でマリアナ空襲を行う、米機動部隊の機動力、能力に大本営は大きな動揺を見せた。

米軍はついにテニアン島を攻撃した。八ヵ月後にテニアンは原爆基地に変貌するが、テニアンが初空襲をうけた一九四四年二月二三日には、原爆とテニアンの歴史の歯車がかみあっていたわけではない。しかし、この攻撃によってテニアンが原爆基地になる歴史の歯車が回りはじめたのは確かなことだといえよう。そこで、米艦載機によるテニアン大空襲前後の「マンハッタン計画」の動きについて注目してみたい。

マンハッタン計画

『資料・マンハッタン計画』（山極晃・立花誠逸編・岡田良之助訳・大月書店。以下「資料」と略す）「資料36・ジュリアス・H・アンバーグ陸軍長官特別補佐官から、L・R・グローブス准将にあてた覚書」では、「一九四四年二月二二日、本日、トルーマン委員会の首席法律顧問フルトン氏が……略……同委員会の……略……ウォルグレン上院議員が標記の計画の非難について調査することをしきりに求めている」と、マンハッタン計画の膨大な経費はむだ遣いだと指摘している。

その指摘に対して、陸軍長官は、マンハッタン計画についてはいかなる調査も行うべきでないと強く主張したとある。

「資料37・二月二四日・ブッシュからバンディ陸軍長官特別補佐官にあてた覚書」には、スチムソン長官が現在までの出費額、現時点で支出可能な額および「計画」を完成するために必要な額を含めて全般的な説明をし、敵と競争していることを強調した。また、破壊力と戦略の関係も説明されたと記されている。

下院議長、多数党院内総務マコーマック、少数党院内総務マーチンは、「支出について追跡調査の必要はある。しかし、予算額は大きいけれど、計画の重要性からすれば問題ではない」といい、三人の議員は協力を買って出た。

スチムソン長官とマーシャル将軍は、予算は三人の議員および少数の歳出委員会委員で秘密に処理する方向で話がすすんだと書いている。

「資料38・ハリー・S・トルーマン上院国防計画特別委員会委員長からスチムソン陸軍長官あての書簡・一九四四年三月一〇日」には、要約すると次のようなことが書かれている。

マンハッタン計画のなかの原爆製造にかかわるバスコ計画は敵に知られてはならない重要機密だが、委員会および五人の上院議員は、バスコ計画にむだな出費があるのではないかと指摘している。そこで機密に関係のない問題のむだ遣いについて委員会の代表ロウ将軍の立入検査を提案したが、拒否するとの報告を受けた。

「委員会としては［通常であれば］計画を調査するための小委員会の設置について検討する必要があるところでしょう。貴下の緊急要請を受けて、この場合は、そのような通常の手続きはとらないでしょう。その点についての責任、ならびに通常の手続きをとった場合に避けうるはずのむだ遣いないしは誤った処置に対する責任は、全面的に陸軍省にあります」

国家の最高機密事項であろうとも、委員会の任務遂行のためには、筋を通して最後までくいさがる。そして、責任の所在を明確にしているところは注目に値する。

第五章　新京丸の奇跡

マリアナ初空襲

航空決戦部隊としてテニアンへ進出した第一航空艦隊は、進駐三日目、米機動部隊艦載機の大空襲をうけ、壊滅的打撃をうけた。しかし、打撃をうけたのは海軍航空隊だけではない。不運なことにサイパンからテニアンに移動中の陸軍部隊も、グラマンの襲撃をうけ多くの戦死者を出した。

米軍は情報を解読して日本軍の動きを事前に察知していた。日本軍は制空権、制海権を失い、敵の動きを知ることができなかったので、むだな犠牲者をつぎからつぎへと出した。情報ゼロの結果の不運であったが、陸・海軍ともに情報を重要視する近代戦の基本的思想が欠如していた。そのために多くの将兵を死に追いやる結果を招いた。

テニアンが初めて空襲をうけた二月二三日払暁、米艦載機の襲撃をうけて遭難したのは、トラックへ向かう途中、サイパンに避難した新京丸に乗船していた部隊である。この部隊が幸運であったのか、あるいは不運であったのかはわからないが、その軌跡をたどってみる。

第五二師団が二梯団に分かれて、海軍の重要な根拠地・トラック諸島の守備につくことが決まったのが、一九四三年（昭和一八）一一月五日である。第一梯団は一二月二四日、宇品港を出港し一月四日に無事トラックにつき、水曜島と春島の守備についた。

第二梯団の暁天丸、辰羽丸、隆興丸、瑞海丸、新京丸は二隻の護衛艦と七隻で船団を組み、一月二七日、宇品港を出港した。

トラックにもう一息というエンタービー沖にさしかかった二月一七日午前二時三五分、ドドーンと腹に響く爆発音とともに闇をひき裂く閃光が走った。暁天丸は敵潜水艦の魚雷を三発うけ、三時二六分、沈没した。全船団総員配置につく。船団長・第一五〇連隊長村田大佐からの命令が伝達された。

「暁天丸被雷、新京丸ハ逐次暁天丸位置ニ近接ヲ図リ、明払暁以後、海防艦御蔵、天草ト共ニコノ海難部隊ノ救助ニ当リタル後追求セヨ。船団主力ハトラックニ向カイ急進スル」

新京丸は夜明けとともに海難者の救助に全力をあげた。筏にくくられた戦車が流れてくる。戦車は重くてどうにもならない。山砲だけはウインチで吊り上げる。兵隊は救命具もなく波間をただよっている。その時、トラック島司令部から命令が打電されてきた。

「空母九、艦艇六〇ニヨル敵機動部隊、トラック島ニ来襲中、近海ハ危険ニツキ貴船団ハ早急ニサイパンニ反転シ、後命ヲ待テ」

新京丸は夕闇が迫る頃、救助作業を打ち切り、波間にただよう兵を残し、涙をのんで急遽サイパンに向かった。

トラックに急進した辰羽丸は、同日一七時、米艦載機の攻撃をうけ、三分間の攻撃で沈没した。瑞海丸は同日一七時四〇分、敵潜水艦の魚雷攻撃と艦載機の爆撃をうけ沈没した。新京丸をのぞいた船団の被害は、海没した将兵七〇〇〇名、全装備、兵器、弾薬、食糧などは船とともに海底へ沈んだ。

船団のなかでも一番のボロ船とひやかされていた新京丸（五一三〇トン）は、危険海域を脱出して二一日、無事サイパンに入港した。

第六九連隊第二大隊長近藤久一少佐は、港に近い海岸に部隊を分散待機させた。新京丸は空襲の危険を避けるために、部隊が下船すると港外退避するために港を離れた。

「新京丸は不沈だ。必ず帰投する」松井船長は近藤に笑って手を振った。

近藤大隊長は護衛艦天草艦長篠田良知少佐と海軍司令部に赴き、トラック司令部からサイパン待機の命令を受けたことを申告した。「司令部の参謀が『テニアン島は飛行機だけで陸兵がいない。ご苦労だが今夜テニアンに転進して欲しい』と、命令だか依頼だか解らぬ指示を受けた」と近藤大隊長の記録にある（『北と南』近藤久一）。

二二日は部隊をテニアンに移動させるための船の手配についやされた。司令部で漁船を準備するというが、船の数もまったくわからない。日没を待って部隊を栈橋に移動させ、船を待った。海が闇に閉ざされてだいぶ時間がたったが、船はいっこうに姿を見せようとしない。夜が明ければ空襲の危険があると思うがどうすることもできない。

木造の漁船が姿を見せたのは、深夜になってからである。近藤大隊は六隻の漁船に分乗して、サイパンの支庁栈橋を離れた。

昼間は目の前に見えたテニアン島だが、二時間たっても、三時間たっても着かない。漁船のポン、ポンというエンジン音がやけに悠長に聞こえ、気が気ではない。

サイパン島とテニアン島はサイパン水道をはさんで、五キロ離れているだけである。ところが潮流が激しく、普通の船で五時間かかる。時間がかかるだけでなく、激しい流れを乗りきるために、船は波にさからって進まなければならない。

悪戦苦闘、波を乗りきって、島の南端のテニアン港に着いたのは、夜がまさに明けようとする寸前であった。上陸を開始すると東の空がだんだんと白みはじめた。その時、低くたれこめた雲のなかから、敵艦載機が急降下して一気に銃撃を加えてきた。

「どこでもいい、船を岸に着けろ。着いたら散れ!」

近藤大隊長は桟橋の突端に立って叫んだ。至近弾が桟橋にあたる音がしたが、かまっている余裕はない。伝令兼当番の大窪兵長は、ちょっと困った顔をしたが、弾幕をくぐって離れた場所の部隊に伝令として走りまわった。

松長主計軍曹は金匱(軍隊用携帯金庫)をかついでがむしゃらに町の方へ走り、安全な場所に身を隠した。近藤大隊は大きな損害もなく上陸を完了したらしい。しかし、遅れて入港してきた野戦病院隊の船が、桟橋まであと五〇〇—六〇〇メートルのところでグラマンの標的になり、船のまわりに水しぶきが立つのが望見できた。遠くで空中戦を展開しているのが豆つぶのように見えた。混戦状態のなかにあって、被害状況はよくわからなかった。この日の空襲で近藤大隊の戦死者二名、網谷上等兵、胸部爆創、森本上等兵、右大腿部、左背部貫通銃創と戦死者調査表（第六九連隊）に書かれている。野戦病院隊の戦死者は約二〇〇名であった。

野戦病院隊と師団直轄の輜重隊は、木造船大東亜丸にすしづめのように乗り込んでいた。あと少しで桟橋というところで、グラマンの機銃掃射をうけた。逃げ場はない。兵隊はつぎつぎに倒れた。火災も発生、兵隊が必死に消火に努めた。船艙には油入りのドラム缶が積んである。

若い少尉が「手旗で小舟を出すように信号しろ！」と怒鳴った。ほどなく三隻の小舟が大東亜丸に横づけになった。さっきの少尉が「兵器、弾薬を先に降ろせ。つづいて戦闘員として輜重兵が乗れ。つぎに負傷兵と付き添いが上陸しろ。最後に残った衛生兵は死体を小舟に移せ」と指示した。小舟三隻は三回往復して運搬を終了した。

負傷兵は担架でテニアン国民学校に運ばれた。栈橋を出ると道は一直線に学校に通じる。南興の軽便鉄道の線路をこえると、道はゆるやかな登り坂になる。坂を登りきると左手に校門がある。校舎内で軍医と衛生兵が負傷者の治療にあたっていた。

校庭には死体がつぎからつぎへと運ばれてくる。灼熱の太陽に照らされて、すでに膨れあがり、蛆がうごめいているものもあった。兵隊が戦死者の小指を骨きり鋏で切っては、頭をたれ、ほんの一瞬瞑目する。戦場にあっては戦友の死を悼むゆとりはない。明日は我が身かもしれない。

午後、日本人町の西のはずれの火葬場の前の広場で死体を火葬することが決まった。広場に一〇メートル四方の穴を掘り、薪を並べて遺体を安置し、また薪を並べ遺体を安置する。こうして三段に積み重ねて火をはなった。

幼稚園の隣にある東本願寺の僧侶が来て読経した。読経の声が風に流れる。夕闇のなかに死体を焼く炎だけが、紅の炎をゆらめかせている。

なんのために彼らは危険をおかしてまでテニアンに渡らなければならなかったのだろうか。近藤大隊長が「命令だか依頼だかわからない指示」だと指摘しているように、一参謀の曖昧な判断による命令で二百数名もの人命が失われた。その上、テニアン移駐はなんの意味もなく、三日駐留しただけで、またサイパンへの移駐命令が伝達された。

近藤大隊長は敵機が去ったのを確かめると、被害が少なくすんだことを確認、負傷者の処置を高橋軍医に命じ、各指揮官に部隊の分散と付近の地形の偵察を命じた。近藤が汗をぬぐっていると副官がトラックを探してきた。近藤はトラックで第一航空艦隊司令部へ向かった。司令部までは島を縦断して約一八キロある。道の両側は行けども行けども緑一色の砂糖キビ畑である。

第一飛行場の飛行機は艦載機の攻撃をうけ、無残な残骸と化している。まだ燃えているものもあり、黒煙が幾条もたちのぼっている。歩哨に立っている水兵に来意を告げると、すぐそばの防空壕に案内してくれた。壕のなかから将官が出てきて、丁寧に迎えた。近藤の記録に「テニアン航空艦隊司令某と名乗った」とあるが、第一航空艦隊司令長官角田覚治中将であることは間違いない。

陸軍部隊約一〇〇〇名、今朝上陸、桟橋付近の守備についた旨を報告すると、「ありがとう」といってウィスキーを一本みやげにくれた。「敵は本朝主力をもってトラック、一部をもってマリアナ諸島を攻撃中である」とのことであった。その時、偵察機が一機帰投して来た。

報告を終え帰路につく。爆音がするので上空を見上げた。高度二〇〇〇メートルで卍ともえの空中戦がくりひろげられている。この戦闘でサイパンのゼロ戦一八機のうち一一機を失い、地上で六機が撃破された。

大空襲の余韻が色濃く残ったまま夜を迎えた。近藤が明日は高地の偵察をし守備計画を考えなければと考えていると、伝令が、海軍士官が陸軍の指揮官に会いたいといっていると伝えた。伝令に案内させて出向くと、若い海軍士官と年配の士官がいた。なんと年配の士官は、草鹿連合艦隊参謀長であった。

参謀長はテニアンに打ち合わせに来て、艦載機の襲撃をうけ足留めされてしまったという。参謀長は若い陸軍の指揮官に「戦機の捕捉は真に微妙だ」と話した。「敵米海軍が敗戦を意識した海戦が二つあった。ソロモン海戦と珊瑚海海戦だったが、もう一つ突っ込み不足だった」といったと近藤は書いている。参謀長は三〇歳くらいの若い指揮官に戦争の微妙な勝敗を教えたのだろうか。二つの航空基地が圧倒的優勢な敵艦載機の襲撃をうけて、反撃不能に陥っている時の話としては、参謀長の真意をはかりかねる内容であった。

その夜、空襲はなかった。昼間の暑さにくらべて夜は風もひんやりしてさわやかである。沖合ではまだ船が燃えているのか、まるで鬼火のような火が闇をこがしている。低くたれこめた雲の動きが早く、切れ間に星がきらめいている。

二月二五日、「敵機動部隊ハ去ッタ。サイパンニ帰還セヨ」との指令を携えて、漁船がテニアン港に入港した。近藤は分散駐屯している各部隊に港への集合を命じた。町は処々に爆弾が投下されたが、たいした被害はない。港のすぐ近くの南興の製糖工場の被害が最もひどく、工場は鉄骨だけが無残に露出して、飴のように曲がっている。流れ出した砂糖の原液があたりにきつい甘いにおいを充満させている。

漁船六隻はサイパン水道の早い潮流に翻弄されながらも、サイパン港に入港した。

港内の風景は一変していた。船はほとんど撃沈され、船体が半分海没して傾いているもの、半分だけがちぎれて残っているもの、マストだけが海面に出ているもの……。そして、新京丸が無傷で桟橋に接岸していた。

戦後、新京丸の佐藤多一郎操舵手に聞いたところ、艦載機が襲来した時の悪天候が味方してくれ、雲が厚く低くたれこめていたので、遮二無二西へ向かって逃げまくったおかげで、敵機に発見されずにすんだというのである。

新京丸がもし生還していなかったら、近藤大隊をはじめ新京丸に乗船していた二〇〇〇名の部隊は、テニアンの守備につく公算が大であった。だとすれば玉砕への運命をたどるしかなかったし、原爆基地とも深くかかわる部隊になったわけである。こうしたことを考えると、新京丸は救いの主であった。ところがそう簡単にことがすまないのが、戦争における有為転変である。

新京丸沈没

二月二六日、トラック司令部より「前任務ニ返リ、トラック島ニ前進セヨ」という命令が打電された。

新京丸は護衛艦天草、駆潜艇一隻に護衛されてサイパンを出港した。テニアンの島影が洋上にくっきりと見える。たった三日間の駐屯であったが、機銃掃射と猛爆にさらされた記憶だけが残る三日間であった。戦死者二百数名を残してのテニアンとの別れは、痛みとなって心に残るものがあった。

サイパンをあとにした新京丸は、トラックへ向けて針路をとった。近藤は敵の魚雷攻撃を警戒して、兵を甲板で待機させ航海をつづけた。船艙の蒸し風呂のような蚕棚より、海風のさわやかな甲板生活は、兵隊たちの間で評判がよかった。

二月二八日、ついに敵潜水艦に発見された。魚雷二本が白い航跡をひいて接近してくる。操舵手が取舵をいっぱいとり、見事に魚雷をやり過ごした。まさに数秒の勝負であった。駆潜艇が爆雷を投下した。ズズーンと腹に響く爆発音と同時に、海面がゴボーと盛り上がるのが見えた。

敵潜水艦は執拗に新京丸を追尾してきていた。明日はいよいよトラックに到着できると、愁眉をひらいた夜のことであった。魔のエンタービー沖にさしかかった時である。三月二日二一時四五分、物凄い衝撃が船を襲った。兵隊たちは足をすくわれ、体が宙に飛んだ。マストが、まるで大木が切り倒されたように、ドドーンとすさまじい音をたてて倒れた。

魚雷は船首近くに二発命中した。総員退船準備で甲板上は大騒動である。

「第三船艙に亀裂、浸水。第四船艙、異常なし！」船員が船長に報告した。船は少しずつ沈んでいる。船長は口を真一文字に結んだまま沈下状況に目をくばっている。

「船の沈没は急激にくるから油断できない」近藤隊長は船長のことばで決断をくだした。

「総員退船」

命令と同時に、近くにいた大森重徳少尉が部下一一名を引率して海中に降りていった。一〇分ほどたった時、「現在、沈下停止!」の伝令が入った。

「退船待テ」

命令を変更し、各指揮官が兵を掌握、退船者が少ないことを確認、状況を見守った。駆潜艇が海中に入った兵を捜索している。船長の決断で護衛艦天草への移乗が決定された。兵器、弾薬、食糧など大量の物資の移動を短時間で行う難作業に、兵隊たちは必死であった。最後に戦死者の小指を切った。

三日午前五時、移乗作業を終了した。六時間に及ぶ必死の作業であった。天草が、新京丸の舷側を五〇メートルほど離れると、傷ついた新京丸は船首を高く上にあげ、海中に吸い込まれるように沈んでいった。

「敵機動部隊近シ、総力ヲ挙ゲテ、トラックへ急ゲ」

司令部から何回も打電があったにもかかわらず天草の艦長は近藤の懇願を受け入れ、大森少尉をはじめ一一名の兵の捜索を行ったが、潮流が激しく、発見することはできなかった。近藤はうねりの高い海に合掌した。部下をのみ込んだエンタービーの海が涙にかすんだ。

三月五日、近藤大隊はじめ各部隊は、トラック諸島・夏島に上陸、三月二七日、近藤大隊は冬島の守備につき、敗戦まで同島を守備し駐屯した。

一九四六年(昭和二一)一月一〇日、近藤大隊はトラックを出発、一月一七日、浦賀へ帰還した。

第六章　米軍のテニアン上陸前の猛爆撃

アメリカ軍の誤算と成功

「タラワなかりせば、ペリリュー、サイパン、硫黄島は、勝利ではなく、敗北であっただろう」第三師団参謀長エドン大佐にこう語らせるほど、米軍にとってタラワ戦は多くの研究課題を残した。日本軍を全滅させたとはいえ、海兵隊の死傷者が三四〇七人におよんだことは、米国民に大きな衝撃を与えた。タラワ攻略にあたった指揮官は、空・海・陸すべての戦闘の失敗、欠陥を分析検討して、「水陸両用作戦」マニアルの修正充実をするように幕僚たちに指示した。

特に戦死者九九〇名のうち、敵前上陸で六六一名、五〇パーセント以上の戦死者を出したことが問題になった。上陸作戦に問題があったのである。タラワ以後、クェゼリン、ルオット、ブラウン、そしてサイパンと日本軍の玉砕につぐ玉砕がつづいた。米軍は上陸作戦のあと失敗と成功を分析、検討を加え作戦を修正してきた。しかし、失敗がゼロになることはなかった。

サイパン戦では日本軍兵力を一万五〇〇〇名から一万八〇〇〇名と推定した。しかし、実兵力は四万三五八二名であった。タラワでは航空写真で厠（便所）の数から兵力を算出して、実兵力をとらえるの

日米戦死者一覧

		総　　軍	戦死者数	戦 死 率
サイパン	日	43,582名	41,244名	94.6%
	米	71,034名	3,465名	4.9%
グアム	日	20,810名	18,377名	88.6%
	米	54,891名	1,439名	2.6%
テニアン	日	8,111名	8,000名	98.6%
	米	42,290名	389名	0.9%

に成功した。しかし、サイパンでは失敗した。

　サイパンには二万人以上の民間人が居住していたこと、偵察の期間が短かったこと、航空写真が不完全であったことがあげられている。この情報不足のために、強行上陸に際して大きな損害を出した。米軍は上陸前の砲爆撃で日本軍陣地は壊滅しているものと思って上陸を開始した。

　ところが日本軍残留陣地からの砲撃が猛烈を極め、水陸両用戦車は海岸または海岸到達前に擱座し、炎上し、転覆した。その数三一両におよび、第二海兵師団の第一線大隊長は四名とも負傷し交替した。この失敗を教訓にして、テニアンの敵前上陸は慎重に行われた。六月一一日から四三日もの長期にわたって艦載機による銃爆撃と艦砲射撃を連日繰り返し、テニアンを徹底的に調べた上で上陸を強行した。

　海兵隊が水陸両用作戦によって、敵前上陸を行ったなかで、テニアン戦が最も調査がゆきとどき、順調に戦闘が展開されたといわれている。戦死者の数で戦闘状況を推測することができる。

　テニアンの上陸作戦は、「成功」と米軍は記録している。しかし、視野をひろげて見ると二つの誤算があった。一つは防衛庁戦史室が指摘しているように、マリアナ初空襲の二月二三日または、その数日前にテニアンに上陸していれば守備隊ゼロの島は無血占領が可能であった。無血占領ならば非戦闘員であるサイパンの邦人一万人、テニアンの邦人三五〇〇人が死なずにすんだのである。

第二の誤算は六月一一日のマリアナ空襲と一五日のサイパン上陸である。あと一日か二日あとにすれば、テニアンの守備にあたっていた歩兵第五〇連隊二八二四名は、ロタ島に移駐し、さしたる戦闘もなくテニアンを占領できたのである。一万三五〇〇人の邦人の死を思うと、米軍の誤算が悔やまれる。

五月二二日、歩兵五〇連隊に対しロタ移駐内示、六月六日、先発隊一〇三名移駐、六月九日より築城作業を中止して、ロタへの転進準備にとりかかり、六月一五日、テニアン発、ロタ島への転進が決定していた。その矢先の大空襲とサイパン上陸作戦の強行であった。

米軍マリアナ攻略部隊がサイパン、グアム、テニアン攻略の作戦を展開している時、アメリカ国内では、原爆の研究が進み、製造の段階に入っていた。

「マンハッタン計画」は厳しい批判を浴びながらも、アメリカの命運をかけて、秘密裡に、しかも着々と研究がすすめられていた。

米国内では陸軍長官が秘密保持のためにトルーマン委員会と対決をしつづけていた。厳重な秘密保持が必要な段階まで、研究は具体的に進行し、原爆製造は各部門で実現しつつあった。計画実現のために一五〇〇名の技術部門が新設され、八億五〇〇〇万ドルの見込み資金が計上されていた。

資料135には爆弾（原子爆弾）投下地点は日本海軍の根拠地トラック諸島と東京が軍事政策委員会の政策会議で具体的に論じられていたことが記されている。

資料136・ルーズヴェルト大統領とV・ブッシュとの会談では、ドイツに対して原爆を使用する場合と日本に対して使用する場合の計画や想定の違いを明らかにする必要があるとされた。

アメリカの政治の領域では原爆と日本の関係が徐々に強められる段階を迎えていた。原爆の標的ドイツが、日本に変更された状況を背景に、テニアン大空襲が強行されたのである。

テニアン第二次爆撃

一九四四年（昭和一九）六月一一日一三時、テニアンに「空襲警報」が発令された。太平洋戦争が開始されて三年半、太平洋の孤島テニアンは、戦争の脅威を内地より身近に感じとっていた。敵襲は二月の空襲についで二度目である。一五時〇五分、約二〇〇機の小型艦載機が第一飛行場はじめ各飛行場を急襲、徹底した銃爆撃を繰り返した。飛行場を壊滅して反撃を封殺する作戦であった。

タラワでは艦砲射撃と空爆を同時に行ったため、砲塵で空爆の目標を決めかねた。米軍はそれを戦訓として、艦砲射撃と空襲は連絡、調整して計画的に実施するように、テニアン戦では方法が修正された。テニアン第二飛行場はほとんど完成に近く、設営隊員、南興社員、農民、学生が午後の作業に取りかかっていた。遠藤茂（当時一九歳）もその一人であった。遠藤が機材をかたづけていると、突然北の空で炸裂音がしたと思う間もなく、大きな爆発音とともに黒煙があがった。第一飛行場が空襲をうけたらしい。作業員はスコップ、ツルハシを投げ捨てて防空壕に走った。

その時、日本人街の方から空襲警報のサイレンが聞こえた。滑走路を走って防空壕へ向かうと同時に、キーンという金属音を響かせてグラマンが急降下してきた。ドドン！と大地をゆるがす爆発音と同時に数メートル吹き飛ばされた体の上に、土砂と小石がばらばらと落ちてきた。爆塵が宙に舞い、完成した白い帯のような滑走路も、その向こうに輝いて見えていた大海原も、視界はすべて奪われていた。

爆塵をくぐって二〇メートルほど走り、掩体壕のかげに隠れた。機銃掃射は執拗に繰り返された。地上からの高射砲、機関砲での反撃はまったくない。歯ぎしりする思いで隠れていると第一波の攻撃が終わったのか、爆音が消えた。

夕陽が西にかたむきだした頃、日の丸をつけた双発機が着陸した。二機目も着陸、三機目が着陸態勢に入った時、雲間からグラマンが現われ、機銃を撃ち込んできた。双発機は一瞬のうちに炎に包まれ、滑走路に激突、炎上した。先に着陸した二機も炎に包まれた。

撃墜され炎上した飛行機の残骸のなかに、黒焦げの遺体が何体もあった。遠藤は戦争のむごさを突きつけられた思いで、遺体に深く頭をさげて合掌した。

六月一二日、夜が明けると艦載機が銃爆撃を開始した。前日よりも機数が多い。ソンソンから二キロほど離れた第一農区に住んでいた小学生の佐藤照男がテニアン港の方を見ると、漁船が炎上している。二月に破壊された製糖工場の右手にある南興の社屋が炎に包まれている。父春喜が「まだ大丈夫だろうが、逃げる用意だけはしておこう」と、食料や生活用品をまとめはじめた。

この日の空襲は七波におよび、延べ三〇〇機が来襲した。日本軍は対空砲火で艦載機を迎え撃ち一六機を撃墜したが、猛烈な集中攻撃をうけ沈黙してしまった。二日目も攻撃の主目標は飛行場に向けられ、掩体壕、燃料庫、格納庫などが破壊された。また、通信網が完全に破壊され、軍属鴇田有線隊の必死の修復作業も効果をあげることができず、通信は不通になった。

六月一三日、艦載機の銃爆撃三日目である。一一時〇分、ついに艦砲射撃が開始された。

東側洋上には第六火力支援隊、戦艦二隻、巡洋艦一隻、駆逐艦二隻、その他の艦艇がテニアンに向けて砲列をしいた。西側洋上には第七火力支援隊、戦艦一隻、巡洋艦二隻、駆逐艦二隻、その他の艦艇が、海を埋めつくした。

その背後には、第一、第二、第三、第四群に属する空母一四隻、補助空母四〇隻が艦載機を満載して待機していた。

空襲と艦砲射撃の激烈さは並大抵のものではない。ソンソンの人びとは、食料や家財道具をもって、カロリナス台地のジャングルのなかに避難した。農区の人たちは防空壕で息を殺していた。

第三農区の五十嵐奈美子（当時カーヒー国民学校五年生）は、「警報より先に爆音が聞こえる方が多かった」と書いている。多くの民間人の証言が共通しているところをみると、情報伝達の仕組みが不十分であったといえる。

五十嵐と隣の円は、共同の防空壕をもっていた。コンクリート造りで子供が立って歩けるほど天井が高く、なかがいくつかに曲がっていて爆風よけになっている。

艦砲射撃がはじまって三日目、ヒュル、ヒュルと空気を引きさく不気味な響きが頭上をかすめたと思うと、大地をゆるがす物凄い爆発音が奈美子を動転させた。耳がキィーンとして聞こえない。耳鳴りは三日もつづいた。黒煙が巨大な生きもののように巨体を激動させながら、中天めざして駆け昇っていく。メリケン松の林のなかに野積みにしてあったガソリンのドラム缶めがけて、艦砲が撃ち込まれたのである。上空からは見えにくい状態になっていたが、艦砲は正確にドラム缶に命中した。

この砲撃はタラワの戦訓を生かした攻撃であった。空爆と砲撃の無差別の同時攻撃は、あまり効果がないことが実証されていた。艦砲射撃を二日遅らせたのは、空襲によって基地の機能を失わせ、航空写真により標的を定めて効果的な砲撃を行うためであった。

米軍はテニアン全島の写真を撮り、精密な地図を作成した。地形、道路、陣地、諸施設、標高、海深を詳細に記録した精密な地図である。その上に、縦二〇、横一〇、計二〇〇の一キロ平方のます目をかぶせ、偵察機がます目の番号を指定しての砲撃であり、爆撃であった。ドラム缶に砲弾を撃ち込むのはたやすいことであった。

自然の岩山をくり抜いた弾薬庫には、正確な標準をつけ、鉄扉をねらって何発も戦艦の巨弾を撃ち込み、内部を木端微塵に破壊した。戦力、戦闘に直接関係あるものは、徹底的に破壊した。航空艦隊司令部を完膚なきまで破壊したのは、心理的ダメージを与えるためであった。

管制塔の下部、戦闘指揮所が銃撃の弾痕を残す程度だったのは、占領後に使用する目的があったから破壊せずに温存したのであろう。通信司令部、マルポの井戸も同じような目的で残したと思われる。

この作戦は上陸部隊指揮官H・M・スミス中将統括下にある空母支援グループ1と、艦載機と火力支援グループ2の、綿密かつ有効なチームプレーであった。「水陸両用作戦」の上陸部隊・海兵隊への支援体制は、空母支援、艦隊火力支援だけでなく、掃海および洋上測量部隊、輸送船掩護、陽動部隊、北方支援、（陸上）空軍、業務および回収部隊をスミス中将が統括して指揮をとり、実行部隊は司令部の一本化された命令のもとに、完全確保した通信機器によって情報をキャッチし、効果的に作戦を展開した。

米軍サイパン上陸

六月一五日七時一五分、米軍上陸用舟艇七〇余隻、同小型一〇〇隻、上陸支援艇四〇隻が、サイパン島西海岸チャランカノアに向け一斉に発進した。海を埋めつくす圧倒的優勢な大艦隊に掩護された上陸作戦の刻々の動きは、テニアンの北側から手にとるように見えた。

夫や子供がサイパンにいる人たちは、安否を気づかうあまり、危険をおかしてラソー山（一七二メートル）に登り、敵情を確めようとした。沖山いちもその一人である。

「危いと思ったが弁当を持ってラソー山に登った。サイパンまで歩いて行けそうなほど敵艦がびっしりいた。三〇〇隻まで数えたが、それ以上数え切れなかった」と語っている。

米上陸用舟艇二百余隻が一斉に行動を開始した二分後、七時一七分、「あ号作戦」の決戦発動が下令された。

「あ号作戦発動セラレ帝国艦隊ハ既ニ出撃セリ我カ航空隊ハ本日中ニハ到着スル筈　本日聯合艦隊司令長官ヨリ左記電報アリ

左記

皇国ノ興廃此ノ一戦ニ在リ　各員一層奮励努力セヨ」

連合艦隊司令長官の訓示は、テニアン島でも受信され、将兵の士気は大いに上がった。しかし、マリアナ沖海戦の勝利の朗報はなく、サイパンの米軍占領地域は拡大され、六月二〇日にはアスリート飛行場から米軍機が発進するようになった。

サイパン、テニアン、グアムの将兵を歓喜させたマリアナ沖海戦に、なぜ負けたのであろうか。小沢治三郎中将が指揮をとる第一機動部隊は、空母三隻、改装空母六隻、戦艦五隻、重巡洋艦一一隻、軽巡洋艦二隻、駆逐艦三八隻の偉容を誇るものであった。しかし、惨敗であった。

まず、第一に考えられることは、戦略のボタンのかけ違いである。決戦場をパラオ・カロリン海域と思い込みマリアナを想定していなかった。それ故にフィリピンの南部ギマラス島を小沢艦隊は泊地としていた。出撃命令を受けた艦隊は、四日かかってマリアナ沖に到達した。

第二に情報が敗因となった。敵は日本空軍の襲来機数、高度をキャッチするレーダーを開発していた。

第三には搭乗員の錬度の差である。日本軍はガソリンが不足していて十分な訓練ができず、多くの若い命が失われた。

第四にサイパン、テニアン、グアムの航空基地が艦載機と艦砲による砲爆撃によって壊滅状態にあった。そのことが敗北をさらに加速させた。

空母三隻沈没、四隻大中破、戦艦一隻中破、巡洋艦三隻大破、駆逐艦一隻大破、潜水艦九隻沈没、航

破壊された南洋興発の社屋

空機四三〇機を喪失した。
敗北の情報はテニアンをはじめ第一線部隊には知らされることなく秘匿された。
追いつめられ藁にもすがりたいテニアンの将兵、民間人はひたすら小沢連合艦隊の来援を待ちつづけた。「あ号作戦」が失敗に終わると、大本営はマリアナを見すてた。この非情な決定も知らずに、テニアンの将兵は戦いつづけ、そして戦死した。
六月一七日朝、サイパンのリーフの内側に米軍の大型飛行艇が着水していた。テニアンの砂糖キビ畑に隠してあった二機のゼロ戦の搭乗員は獲物を狙う隼のように大型飛行艇に襲いかかり二機を撃破した。しかし、米軍の一斉射撃をうけ撃墜された。いまもマニアハガ島に行くグラスボートのガラスを透して海底を見ると、ゼロ戦は海底に静かに眠っている。

テニアン守備隊戦闘経過概要図（昭和19年7月24日～8月3日）

（「テニアン島」戦死者の遺骨（体）等に関する資料，対抗戦史等より筆者調製）

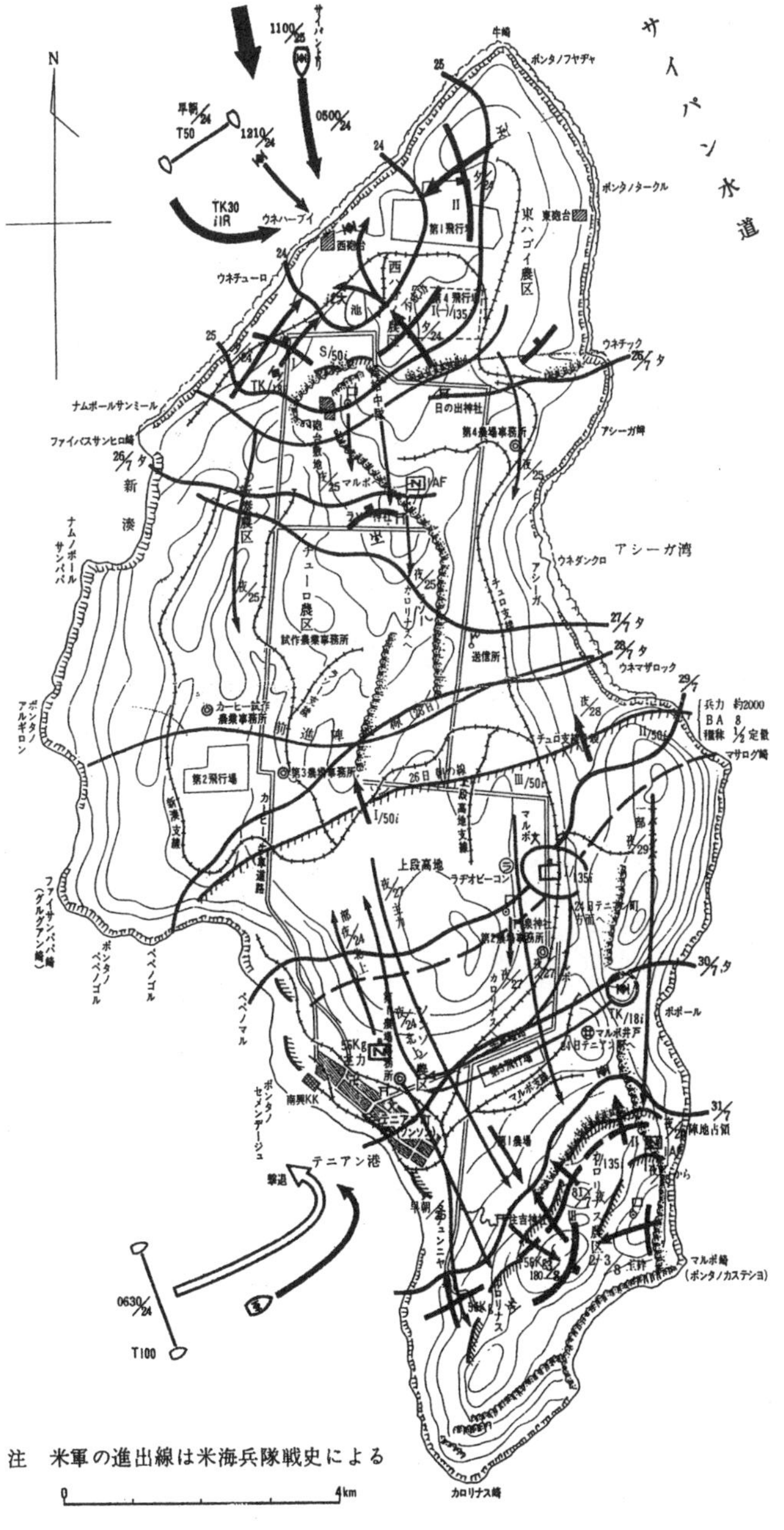

注　米軍の進出線は米海兵隊戦史による

同日夜、サイパン司令部からの命令で、テニアン守備隊より一個小隊が兼松中尉指揮のもとに、三回サイパン逆上陸をこころみたが、すべて失敗に終わった。七万以上の米軍が上陸を完了しているところに、一個小隊が逆上陸してもまったく用をなさないことが判断できぬほど混乱が激しかったのである。

六月二〇日、サイパン島では激戦がつづいていた。米軍占領地域には電燈がつき、その範囲が日ごとに広がっていった。島の南西端アギグァン岬に一五六門の重砲を配置した米軍は、偵察機と連携してテニアンの第一飛行場、第二飛行場、海岸砲台、陣地を徹底的に砲撃した。艦砲も加えた連日の砲撃で日本人町の商店街は、一望千里、瓦礫の焼野原と化してしまった。

六月中にテニアンに撃ち込まれた砲弾は、約九一〇〇発、艦載機の来襲機数は延べ三〇〇〇機におよんだ。この頃になると地上に出ている建物はほとんど破壊しつくされた。しかし、テニアン島にはジャングルや洞窟があり、道路わきの地下に小さな退避壕がたくさんあったので、人的被害は少なかった。兵隊の戦死二五名、戦傷三五名、民間人の被害は不明である。

七月に入ると米上陸海兵隊の掃海および洋上測量部隊の活動が活発になった。夜陰に乗じて水中破壊班がアシーガ湾と北西ハゴイ海岸の障害物や機雷の有無、珊瑚礁の状況を水中に潜って調査、「障害物なし」と偵察結果を海兵隊司令部に報告した。

米軍高速艇がアシーガ湾に接近、海岸線の調査をはじめた。背後には戦艦、巡洋艦をはじめ数十隻が砲列をしいているので、海岸守備の日本兵は米軍の作業を見ているほかなかった。テニアン港正面でも米軍の調査活動は、日本軍にわかるように行われた。しかし、上陸予定地点、西ハゴイ海岸の調査だけは隠密裡に行われていた。

守備隊を無視するかのような、米軍の海岸線の調査を目の当たりにした兵隊たちの「もしかすると米軍は上がってこないかも知れない」といった微かな思いは完全に打ち砕かれた。

七月二三日、いよいよ上陸強行かと思われるほど、朝から激しい攻撃が開始された。四四日間、毎日空襲と艦砲射撃に明け暮れる日がつづき、砲爆撃にいつか慣れていたが「いままでと違う」と誰もが実感するほど激しい攻撃であった。

この日の空襲は艦載機だけでなく、サイパンのアスリート飛行場を飛び立った陸軍機も参加、三五八機もの飛行機が島のすみずみまで重要拠点を虱つぶしに攻撃を加えてきた。また、弾薬庫、発電所、横穴式の自然洞窟の守備隊陣地には二〇〇発のロケット弾が撃ち込まれた。

島の大半を占める砂糖キビ畑や防風林やジャングルは、姿を隠すのに役立っていたため、米艦載機は油脂焼夷弾とナパーム弾を投下して、砂糖キビ畑の三分の二を焼きはらった。ナパーム弾が戦術的に使用されたのは、これが初めてである。

サイパンのアギグァン岬の砲台から発射された砲弾は、米軍上陸まで三万二一〇七発にもおよんだ。無尽蔵かと思われるほどつぎからつぎへと撃ち込まれてくる砲弾、動くものは何でも射ちまくる艦載機、昼をあざむく照明弾。兵隊たちが中国大陸で体験した戦争とは、まったく違う戦争が目の前にあった。

緒方守備隊長は米軍の砲撃状況から見て、敵の上陸地点はテニアン港正面と判断、守備隊をソンソンからカロリナス台地までの海岸に配置した。米軍がこの日、朝から撃ち込んだ砲弾は、テニアン港正面が一九六〇発と最も多く、上陸前日の目くらまし作戦で守備隊を港正面に配置させ、上陸決行の日には上陸用舟艇を港正面に発進させる陽動作戦によって守備隊の目を完全に港正面に集中させた。西ハゴイ海岸は砲撃ゼロであり、完全な守備配置はしなかった。米攻略軍は最も守備隊の少ない西バゴイ海岸に上陸を強行した。

エリスは「中部太平洋諸島の制圧なくして海軍の効率的な対日侵攻はあり得ない」「大型爆撃機を保有する陸軍基地確保は至難である。従って敵に上陸地点を惑わせ、組織的抵抗の弱い地点に上陸することである」と主張した（『アメリカ海兵隊』野中郁次郎）。

この発想通り海兵隊のテニアン上陸作戦は行われた。しかし、エリスは占領した島が原爆基地になることまでは予想していなかった。

第七章　日本軍の悪戦苦闘

玉砕するなという玉砕命令

テニアン島の日本軍は陸軍四〇〇一名、海軍四一一〇名、計八一一一名である（確実な数字ではない――戦史室注）。民間義勇隊一〇〇〇名、捕虜二五二名、以上が戦史室著の『日本軍の玉砕』の章に記録された数字である。玉砕した人数、戦死者数は書かれていない。また、捕虜の人数は中島文彦南興社員の記述だという。

右の数字を参考にすると、戦死者は七八五九名、九七パーセントにおよぶ。捕虜は戦闘終結後、説得による投降者六一名、九月八日に正式に降伏文書に調印したアギグァン島の六〇名を差し引くと、ポツダム宣言受諾前に重傷その他の理由で捕虜になった将兵は一三一名である。

天皇の承認を得て大本営がマリアナを放棄する非情な命令をくだし、全滅すると「不滅の闘魂」「玉砕」と、非業の最期を美化、礼讃して、将兵七千数百名の戦死と民間人三五〇〇名の無残死を、いとも簡単に締めくくった。民間の戦没者三五〇〇名、民間義勇隊一〇〇〇名とある。民間人の人口は日本人一万三〇〇〇人、朝鮮人三七〇〇人、計一万六七〇〇人、戦闘終了後、収容所収容人数、日本人九五〇〇人、朝鮮人二六七九人と記録されている。これもまた正確な数字ではない。

米軍が西ハゴイ海岸に上陸した一九四四年七月二四日の深夜から、翌日の払暁にかけて、奪われた海岸を奪い返すために行った、たった四、五時間の戦闘で、無敵を誇っていた関東軍の精鋭二五〇〇名がなぜ全滅したのか。

奪還作戦は、百に一つの勝目はなかった。しかし、「水際ニオイテ敵ヲ圧倒、殲滅セヨ」と命じた大本営および第三一軍小畑忠良軍司令官の命令に変更はない。水際において敵に圧倒殲滅される覚悟の突撃であった。

井本熊男元大本営参謀・元陸相秘書官は、「大本営の示した対上陸戦法は、水際に陣地を設けて敵の上陸を阻止し、敵が上陸しても確乎たる橋頭堡をつくらないうちに、出撃部隊をもって攻勢をとり、水際に敵を撃滅することであった。第三一軍司令官はこの方針を強調し、第一線部隊は忠実にこれを実行した」「大本営の指導は……物的戦力の軽視、精神力偏重、殲滅戦攻勢の思想を、第一線が血をもって実証した多数の例にもかかわらず、ついに敗戦の最後まで反省することがなかった」(『作戦日誌で綴る大東亜戦争』)と大本営の傲慢・無反省・硬直した頭脳を批判している。

緒方守備隊長は敵の砲火がラソー山一帯に集中してきたのを見て、奪還部隊の全滅を知った。ラソー山東側の戦闘指揮所がついに第一線になった。米軍は戦車数十両を先頭に圧倒的兵力をもって、日本軍に猛攻をしかけてきた。守備隊は死傷者が続出し、反撃する力を失って、送信所とチューロの線まで後退した。

その夜、緒方は反撃の夜襲を考えたが、部隊の損害が大きく、通信網は完全に破壊しつくされ、各部隊への連絡がとれず、夜襲を断念した。

また、大本営からグアム守備隊へ「過早ノ玉砕ヲ戒メ、執拗ニ抵抗シテ米軍戦力ノ漸減ヲハカルコトガ全般ノ戦局ニ対シテ寄与スルコトナリ」の無電を傍受したことも夜襲断念の一つに数えられている。

大本営はマリアナを見すてた上に、なおかつ玉砕を引き延ばせというのである。

これは「玉砕するなという玉砕命令」である。

二六日、夜の明けぬうちに緒方は残存兵力を島の中央東寄りのサバネダバス高原へ移動させ、戦闘指揮所をマルポの井戸北西にあたる泉神社の洞窟に移した。南興職員で元軍人の山口眞次中尉が指揮をとる在郷軍人で編成した一個中隊は、部隊主力が後退したため、退避する民間人とともにマルポ、カロリナス方面へ後退した。

ハゴイ、チューロ、新湊、カーヒー、アシーガ方面の農民は、カレーター（牛車）に食料、家財を積み、ひしめきあいながら夜道を南下、カロリナス方面へ殺到した。米軍の前進は極めて緩慢で、民間人に退避の時間を与えた。

この日午前六時、角田中将はラソー山中の第一航空艦隊司令部を、カロリナス台地のジャングルのなかにある大鍾乳洞へ移転した。一層目を陸軍が守備、二層目が海軍司令部、三層目が民間人、四層目が野戦病院という巨大な鍾乳洞である。ここが第一航空艦隊司令部最期の地となった。陸軍と海軍と民間人が、層は違っても一つの洞窟にこもっていたのは珍しいことである。

二七日夜半、サバネダバス、ラジオビーコン、ペペノゴルの新防衛線で戦闘することなく、複郭陣地であるカロリナス台地へ守備隊は後退、泉神社の戦闘指揮所もカロリナス台地北東の自然洞窟へ移動した。米軍は島の中央の線を越えたところで日本軍の撤退をはじめて知った。

二八日、緒方守備隊長は、陸海軍最高指揮官名で、陸軍大臣、海軍大臣にあてて無電を発信した。

一、支庁及民間幹部指導ノ下ニ在「テニアン」島邦人一五、〇〇〇名中十六歳ヨリ四十五歳ノモノ全員三五〇〇名義勇隊ニ編成シ軍ニ全幅協力中。残余ハ老幼婦女子ニテソノ大部ハ既ニ「カロリナス」地区ヨリ避難シタリ

二、義勇隊ハ六ケ中隊ニ編成シ軍各隊ニ配属　奮戦敢闘シツツアリ皇国人トシテノ伝統ヲ遺憾ナク発揮シアリ

三、支所長代理在留邦人合セ（以下二五字不明）老幼婦女子ハ集結ノ上爆薬ニヨリ処決ス

この電文はサイパン、テニアンの戦闘期間中、軍が公式に一般邦人に関して報告した唯一のものである。この無電は第五六警備隊、海軍大佐大家吾一司令の洞窟の無線機から発信されたものと推測できる。いまもその無線機は洞窟のなかに残っている。

「婦女子ハ……爆薬ニヨリ処決ス」とは、背筋に悪寒の走ることばである。これが天皇の軍隊の掟なのだろうか。しかし、実行はされなかった。

米軍上陸前の日本人一万三〇〇〇名、戦没者三五〇〇名（義勇軍一〇〇〇名）、チューロ収容所に収容された日本人九五〇〇名との記録から推測すると、軍による邦人殺害はなかったといえる。また生還し

た人びとの証言のなかにも、邦人殺害の事実はない。だとすると皇軍の建前として、公文書にこう書かねばならない暗黙の掟があったのであろうか。

海軍特別年少兵

二九日、米軍はマルポ国民学校、ラジオビーコン、日本人町北部ペペノゴルを結ぶ線まで進攻、日没前にマルポ国民学校周辺に布陣した。艦載機はカロリナス台地に集結した日本軍に対して、猛烈な銃爆撃を加えた。海上からは艦砲射撃の砲弾が炸裂する。米軍はすでに島の九割を占領、残るはカロリナス台地だけとなった。

大山通信兵（海軍特別年少兵・当時一六歳）は、角田中将の命を受け第三飛行場へ伝令に走ったが、各部隊は分散し指揮系統も混乱し、命令を伝えることはできない状況におちいっていた。

大山がカロリナスに通じる坂道を進み、住吉神社の裏手にさしかかったとき、艦砲射撃の砲弾が神社の周辺に集中して撃ち込まれた。大山は近くの洞穴に隠れたが、砲撃が次第に洞穴に近づいてくる。上空を旋回している偵察機が目標を知らせているのか、着弾に狂いがない。

三発目が撃ち込まれた。大山は立ちこめる硝煙のなかを脱出、岩陰にもぐり込んだ。四発、五発……砲弾の炸裂はますます激しく、閃光に視力を失った瞬間、ものすごい爆風が大山の体を吹き飛ばした。激痛が走る。左手の指に砲弾の破片が突き刺さり、血が流れている。頭もやられ顔に血が流れてくる。

歯をくいしばり、砂糖キビ畑を突っ走り、前方の崖に向かって走る。畑には死体が累々と横たわって

住吉神社。この裏手の谷地で大山少年兵は負傷した

いる。その時、グラマンが襲いかかってきた。死体の陰に体を伏せたが、背中と胸に傷を受け、這って崖の近くにたどりついた。

　神社の裏は谷地で、どんづまりは崖である。薄暗くなった谷地に三〇〇人以上と思われる陸軍と海軍の兵隊がひしめきあっていた。ほとんどが負傷している。民間人もいる。血の臭いが空気を重苦しくしている。

「自決するからそこをどけ!」重傷を負った兵隊の悲痛な声が闇を切り裂く。

「連合艦隊はどうなっているんだ!」追いつめられ、逃げ場を失った兵隊たちは、絶望の地獄のなかで絶叫するよりほかに術がなかった。

　まったく反撃のできない谷地の上空に照明弾が射ち上げられ、グラマンが超低空で銃撃を加えてくる。大山は岩陰に体を隠しシャツを裂いて血止めをし、頭に仮包帯した。傷の痛みは消えない。

その時、「大丈夫か」と声をかけてくれたのが金谷一等水兵であった。金谷は大山を抱きかかえて崖下に向かってゆっくり歩き、「ずいぶん若い志願兵だな。わたしは応召兵で子供もいる。何としても生きて帰りたい。君も死ぬなよ」と大山を励ました。

砲撃がまた激しくなった。断崖を見ると縄ばしごがかかっている。金谷が大山の手に縄ばしごをつかませ、「登れるか」と下からぐいと押し上げた。四ヵ所の傷がうずき力が入らない。金谷は大山の足をぐいぐいと押し上げていた。崖の端に手がかかった。

「もう一息だ。がんばれ！」

金谷が声をかけた瞬間、グラマンが二人を襲った。ピシィ、ピシィ……と鋭い音とともに縄ばしごが切断され、金谷は崖下に転落していった。

反転したグラマンが、ブスッ、ブスッ！と畑に銃弾を撃ち込む。背中に激痛が走り、血が流れるのを感じながら、必死に走っては伏せ、伏せては走り岩陰にたどりついた。

こうして負傷した大山通信兵の苦難に満ちた逃避行がはじまった。

夜になると南国とはいえ冷えびえとしてくる。渇きに耐えかね、軍服をひろげて夜露を集めようとした。軍服は血糊でゴワゴワになり、弾の跡がいくつもあいている。絶望的な苦しさに耐え下を見ると、海が黒くゆっくり動いている。大山は無意識のうちに断崖を下りはじめた。

切り立った絶壁は高くけわしく、ついに力つきて転落、「これまでか」と諦めた瞬間、やわらかいシヨックを受けわれに返った。死体の山の上に落ちたのである。無数の骸が横たわっている。死んだ母親の乳房に赤ん坊が取りすがっている。しかし、息たえだえの大山にはどうすることもできない。

大きな岩のくぼみの溜まり水を見つけ、夢中でむさぼり飲んだ。生き返った思いで水溜まりを見ると、いくつもの死体が水に顔をつけたまま倒れている。

夜明け前に波で侵蝕された自然洞を見つけ体を横たえ、死んだように眠った。

空腹のあまり目を覚ますと、太陽は崖の上を越え西に傾いている。雑嚢に手を入れると、弾の穴から米がこぼれ、わずかな玄米と乾パンが四、五個残っているだけであった。

生米をかじり、貝を石で砕いて食べ、空腹をわずかに癒し、傷にうごめく蛆を海水で洗い落とす日が幾日もつづいた。八日たったか九日たったか、傷ついた少年にとって海洞の狭い空間には、耐えがたい孤独だけがあった。

潮騒だけが聞こえていた海洞の上に、ついに米兵が現われた。カービン銃を乱射し、火炎放射器で掃討作戦をはじめた。

大山は危険を感じ、夜になるのを待って崖を用心深くはい上がり、マルポ岬の台上に出た。約四キロの道を夜だけ少しずつ歩き、四日かかってテニアンの町までたどりつくと、町はまったくの廃墟と化していた。近くに米軍の幕舎が建ち、ドラム缶が三、四十本積み上げられ、機関銃が据え付けられている。ここも危険なので西海岸ぞいに北に進み、洞窟を見つけて隠れた。

明くる日、西海岸ぞいのジャングルをさまよい歩いている時、村上上等水兵と山崎上等水兵、田中軍属にめぐり会った。栄養失調と負傷のためにやっと歩いている少年兵を、村上は「心配するな。俺はどんなことがあっても、おまえを背負って行くぞ」と力づけた。

四人は新湊近くの洞窟で陸軍の兵隊に会った。陸軍は銃と手榴弾を持っている。海軍は丸腰である。大山を艦砲射撃でできた穴に寝かせ、上衣をかけて、「明け方は寒くなるぞ」といって、三人は食料の調達に出かけた。

夜明け前に三人はタロイモやうらなりのカボチャを持って帰って来た。四人は生のままそれをかじって空腹を癒した。

同じ所にとどまるのは危険なので、毎日安全そうな場所を探して移動した。

約八ヵ月が経過し、大山も杖をついてひとりで歩けるようになった。「今晩全快祝をやろう」と、村上はかねてから目をつけていたトウガンを取りに出かけた。

米軍はゲリラ化した日本軍の残存兵に手をやき、洞窟を火炎放射器で攻撃したり、食料を探しにくる日本兵を待ち伏せする作戦にでていた。村上は米軍の待ち伏せの網にかかり狙撃された。

米兵が立ち去るのを見とどけて三人が駆け寄ると、「必ず日本へ生きて帰るんだぞ」と言い残し、村上上等水兵は大山に抱かれて息絶えた。

アギグァン島への脱出

もはや逃げるところもなく、絶望的になっていた時、アギグァン島への脱出の話がでた。アギグァン

ペペノゴル海岸。ここからアギグァン島へ脱出した

島はテニアン島の南西九キロの洋上に浮かぶ、周囲一〇キロほどの小さな島である。

廃墟になったテニアンの町から西海岸ぞいに四キロほど北上すると、ペペノゴル海岸がある。白い砂浜があり、米軍将校専用のレジャーボートが二隻ある。夜は米兵の姿はない。このボートを盗んで脱出するという計画が立てられた。海軍の兵と軍属が八名加わり、脱出グループは一一名になった。

脱出実行の夜、暗闇で日本兵らしい人影に出会った。闇をすかして「必勝」と声を殺していうと、「信念」と返してきた。これが日本軍の合言葉であった。

アギグァン島への脱出の話を聞いた陸軍の兵隊は、「脱走罪で死刑になるぞ」と止めたが、一一名は決意を変えなかった。陸軍の兵隊とはそこで別れた。

いよいよ脱出である。ベニア張りのボートはなんとなく頼りない。大山がためらっていると舟長を引き受けた下田の漁師の田中軍属が、「小僧、早く乗れ！」と尻を叩いた。真っ暗な海だが、敵艦がうごめいていることは歴然としている。このボートではたして島へたどりつけるか。

「大山、お前は残れ」と山崎上等水兵は喉まで出かかったが、田中の一言で大山の乗船は決定した。

舵取りは田中と増田。八人が漕ぎ手。大山は淦《あか》汲《く》みで水をかい出す役である。真っ暗な海面を掃海艇のサーチライトが円を描くように照らす。全員低い姿勢で船を漕ぐと、夜光虫がキラキラ光る。大山は海面があまり光らないように、そおっと水を汲み出す。テニアン島の煌々とした光と黒い島影が遠ざかっていく。

その時、サーチライトの光が一瞬ボートを照らして通り過ぎた。その瞬間、ザ、ザーと海水が流れ込んだ。水没?! 誰の頭にもボートからの脱出がひらめいた。その時、田中が「そのまま！」と低く鋭く叫んだ。

大山は必死で水を汲み出した。ボートは奇跡的に正常に戻った。このとき、誰かが助かりたい一心で海に飛び込んでいれば、ボートはバランスを失って転覆していたであろう。

五、六時間、波との苦闘がつづいた。アギグァン島の島影が目の前に迫ってきた。しかし、どこも断崖絶壁でとりつくところはない。島の西側を南に進み、テニアンと反対側にたどりついた頃、あたりが白みはじめた。

「敵機だ！」誰かが叫ぶと同時に、グラマンが急降下、銃撃を加えてきた。

「飛び込め！」田中舟長の声に全員が海に飛び込んだ。

「下手に岸へ泳いでいくと岩に頭をぶち割られるぞ！　波を数えろ、七回目に大きな波がくる！　その波に乗って岩にしがみつくんだ！」海で鍛え上げた沈着な田中の指示に従い、全員岩にしがみつくことができた。

一一人がずぶ濡れで島に這い上がると、陸軍の兵隊が走ってきて、「どこから来たか！」と鋭く叫んだ。

兵隊は正規の軍装に銃剣を構え、日本軍としての規律を保っている。八ヵ月間見ることのなかった日本軍が、アギグァン島だけに生き残っていたのである。

銃剣を突きつけた兵隊の目には、明らかに疑惑の色があった。全滅したはずのテニアン島から、裸同然のボロをまとった陸軍とも海軍とも見分けのつかない、真っ黒に陽焼けして目ばかりギョロギョロした男たちの一群が、降ってわいたように上陸してきたのであるから、無理はない。

尋問がすむと朝食が出された。サツマイモと大型かたつむりの塩ゆでである。うまい！　生イモの切れ端か、米軍の残飯を命がけで盗んで食べていたのにくらべて、太陽のもとで安心して食事ができるのは、まさに二〇〇日ぶりであり、夢のようであった。

獣のような警戒心を忘れて、一一人は死んだように夕方まで眠りつづけた。その間に守備隊幹部は会議を開き、検討を行った後、兵および軍属として処遇することを決定した。

島には歩兵第五〇連隊第二中隊山田金一少尉が指揮をとる四〇名の兵と三〇〇人の農民がいた。兵隊たちは一九四四年（昭和一九）四月二一日にこの島に渡り、敵の空襲を避け、夜になると畑を耕し、サツマイモをつくって自活していた。

ゴミ捨て場で拾ったボロボロの米軍の服を着ていたのでは軍規が保てないと、大山に陸軍の軍服の上下が支給された。しかし、軍帽の余分がない。後藤上等兵と矢部軍曹が帽子の型紙をつくって軍帽を縫い、大山にかぶせた。

空襲のない日は、かたつむりを三〇匹とり、塩ゆでにするのが日課であった。歩哨に立った兵隊は、テニアンから飛び立ったＢ29の機数、帰投した機数を隊長に報告した。しかし、無線機がなく、報告は隊長のところで留まった。

三月九日の午後遅くには、一〇〇機以上のＢ29が二分間隔で三時間もかかって飛び立っていった。機数があまり多いので、Ｂ29の移送ではないかと思われるほどであった。このＢ29が三月一〇日の東京大空襲で一〇万人の都民を焼き殺したとは、知るよしもなかった。

八月六日と九日、午前一時頃の発進は珍しいことであり、翌朝、発進時刻が報告された。このＢ29に原爆が搭載されていたことは、戦後になって知ったことである。

一九四五年（昭和二〇）九月八日、米軍のたび重なる説得に応じて、山田少尉が降伏文書に署名した。大山特別年少兵の、傷の痛みと飢えと渇きと恐怖に満ちた戦争が一応の終止符を打った。

第八章　兵士たちのテニアン戦

岡本中隊

全滅した部隊の戦史、戦記を記録に残すことはむずかしい。特に生き残りの少ないテニアン戦では、空白のままになっている部分が多い。『幻の防波堤』（浅野庄一著・自費出版）は、一兵士がテニアンに移駐してから、激戦で中隊が全滅、自らも右眼を負傷し、一人だけ生き残った体験が具体的に書かれている貴重な記録である。

浅野庄一上等兵は第二九師団歩兵五〇連隊第二大隊（神山新七大尉）・第七中隊（岡本紀三雄中尉）・第三小隊（中林少尉）・第一分隊（渡辺軍曹）に属していた。

岡本中隊はテニアン島の北東・サバネダバス台地の北端と接するアシーガ湾を守備していた。小隊は第四農区の農家に民宿し、浅野たちは八丈島出身の沖山礼太郎の家に宿泊した。

沖山家の次男、靖則は浅野を兄のように慕い、伝令に走る浅野に、自転車を貸してくれる家を教えてくれた。おかげで浅野は公用で中隊本部や連隊本部に行くときは、自転車を走らせることができた。分隊は沖山家の近くの堀川家と、隣の国吉家に分宿、その軒下で浅野たちは昼寝をさせてもらった。

三軒に分宿していた兵隊たちは、食事だけは家のつくりが大きい沖山家でとった。米軍来攻前のテニアンは、このようにのんびりとしていた。しかし、米軍艦載機の襲来とサイパン上陸によって、事態は一変した。

サイパン島のチャランカノアやアスリート飛行場を、ホテルの灯りかと思うほどのまばゆい光が照しはじめた。それは、サイパンが米軍の手中に落ちたことを物語っていた。

「次はテニアンだ」誰も口には出さないが、覚悟を決めていた。

守備隊は敵の上陸に備え、各陣地の警戒を厳重にし、農家にあった軍装品、武器、弾薬をはじめ私物にいたるまで、海岸陣地に移し、戦闘態勢をととのえた。沖山の家族と同じように暮らした、約四ヵ月の楽しい生活も終わりをつげた。

米軍上陸の日を境に、農家の人たちとも、ふたたび会うことはなかった。弟のように可愛がった靖則はサイパン実業学校に入学し、サイパン戦に巻き込まれて行方不明になった。

一九四四年七月二四日午後、「今夕二〇時マデ二日ノ出神社ニ集合セヨ」との命令が伝達された。小隊長伝令の浅野は、各守備班へ連絡に走った。

グラマンが待ちかまえていたかのように、急降下して銃撃を加えてきた。岩陰に隠れ、また走っては防風林に隠れ、また走った。三班、四班と六班まで命がけの伝令が終わると夕暮れであった。

部隊の移動は夜を待って行われた。米軍は照明弾をつぎからつぎへと射ちあげ、部隊の移動を困難にした。部隊は照明弾と砲撃の間隙をぬって、分散して移動を開始し日の出神社へ向かった。

岡本中隊は、ようやく日の出神社に到着したが、守備隊本部には人っ子ひとり見あたらない。総攻撃の部隊は出撃してしまったらしい。中隊は日の出神社の本部にとどまり、次の命令を待つしかなかった。明け方近くまで西ハゴイ方面で砲声と銃声が轟き、照明弾がじりじりする兵たちの姿を映し出していた。

砲声が消え、夜が明けた。日の出神社の守備隊本部から見える大きな石の鳥居が、日の出前の光をうける頃、ラソー山へ向けて砲撃が開始された。

集中砲火は猛烈を極め頭をあげることもできない。攻撃方向の変更は総攻撃部隊の全滅を物語るものであった。

昼間は動くことはできない。夜を待って照明弾の合間を縫い、中隊は元の陣地アシーガ湾に退却した。米軍の進攻が緩慢であったので、砲撃さえまぬがれれば移動にそう苦労はなかった。米軍は無理をせず、確実な陣容をととのえ、戦車を先頭にじりじりと前進してきた。

本部との連絡は途絶え、岡本中隊だけが生き残ったかのようであった。中隊長をはじめ、幹部は覚悟を決めたのか、完全軍装で長靴をはき、軍刀、拳銃、双眼鏡と最後の身仕度をととのえ、陣地を撤収、サバネダバスへの撤退を命じた。

兵隊たちは弾薬、兵器、食糧を牛車や荷車に山積みにした。荷車に積みきれない私物や混ぜご飯の缶詰や鮭缶などは腰や肩にぶらさげ、颯爽とした将校とは対照的な兵隊のいでたちであった。

照明弾は依然として射ちあげられている。木陰や窪地に伏せ、光から逃れながらの逃避行である。

浅野上等兵がサバネダバス高地の配備についたのは、真夜中過ぎであった。真っ暗闇で自分の位置もわからない。

二六日の朝がきた。眼下にマサグロ岬が見える。高地の民家が粉々に破壊されている。マルポ国民学校の周辺に日本兵の姿が見えるが、一向に動かない。砲爆撃で戦死した兵隊であった。

配備についた浅野の近くにも砲弾が撃ち込まれ、犠牲者が続々と出はじめた。

近くの岩影に飛行服の肩が血で赤く染まっている海軍士官がうずくまっていた。右肩に砲弾の破片が入っている。「破片を取り出してくれ」と懇願されたが、軍医も衛生兵もいない。

「切ってくれ、死んでもいい」必死の形相に、浅野は意を決してナイフを握りしめた。自信はない。しかし後にはひけない。ナイフを赤チンで消毒し、傷口を押え破片をたしかめた。兵隊たちに手足を押さえつけてもらい、傷口を切り裂いた。海軍士官は飛び上がり呻いたが、じっと耐えていた。ぬるぬるする血のなかから四センチほどの鉄片を取り出し、傷口を木綿針で縫い合わせた。

サバネダバスは敵の砲撃にさらされるようになった。第一小隊長鈴木洋太郎少尉が大腿部に重傷を負った。手のほどこしようがない。少尉は分隊長を集め、後の指揮を頼んだ。自決を決意していることは誰にもわかった。しかし、止めることはできない。今日死んでも、死に急いだことにはならないと誰もが思っていた。

鈴木少尉を慕っていた今村上等兵が、少尉を背負って、台地の下へ向かって歩いていった。しばらくすると闇の向こうで手榴弾の爆発音が響いた。今村上等兵が、鈴木少尉とともに自爆したのだった。

次の日、陣地の補強作業にあたっていた分隊長の新実兵長が、砲弾の直撃をうけ、肉片となって飛び散った。浅野にとって新実兵長は満州・遼陽の新兵の時から世話になった上級者であった。夜になり自分の時間を得て、われにかえった思いで、合掌した。

陣地の先の岬にも砲弾が撃ち込まれ、壕に隠れていた農民の、家族全員が死んだ。非戦闘員まで巻き込んだ戦争は、悲惨なものであった。岡本中隊も戦死者、負傷者、自決者が相つぎ、まさに地獄の様相を呈していた。

七月二七日夜、遂にマルポ地区死守の命令が下った。

マルポは守備隊本部の複郭陣地のあるカロリナス台地への登り口である。絶対優勢な米軍をここで迎え撃てば、結果は明白である。ここが岡本中隊の最期の地となる覚悟はしていたものの、余りにも早い決定にほぞをかむ思いであった。

夜を待って中隊は移動を開始した。サバネダバス台地中段を南西にくだり、農道伝いに南下し崖の上にでた。暗闇のなかで砲兵が移動するのに出会った。

歩兵とちがって砲兵の移動は大がかりである。砲身や砲架のふれあう音が闇に響く。崖の上を通り抜けると、なだらかに低地へ向かう道にでる。ナパーム弾で焼かれた砂糖キビ畑を五〇〇メートルほど行くと、そこがカロリナス台地への登り口である。

二つの台地にはさまれたマルポの低地帯に、五〇人ほどの農民が避難していた。荷物を背負い、子供の手をとり、やっとここまで逃げのびてきたのであろう。兵隊にこの辺が戦闘の第一線になると聞き、

郵　便　は　が　き

料金受取人払

本郷局承認

2

差出有効期間
平成14年4月1日まで
(切手は不要です)

1 1 3 - 8 7 9 0

(受取人)
東京都文京区本郷1－5－17
三洋ビル16号室

桜井書店　編集部 行

〒番号 □□□-□□□□
ご住所

お電話　(　　)　ファックス　(　　)
Emailアドレス
(ふりがな)
お名前

男・女　年生まれ

ご職業 1.学生（高校・大学・大学院・専門学校） 2.会社員・公務員 3.会
団体役員 4.教員（小学・中学・高校・大学） 5.自営業 6.主婦 7.その

ご関心のある分野 1. 歴史（日本史：前近代・近現代 世界史 ヨーロッパ史
ジア史 歴史理論 その他
2. 経済（日本経済 世界経済 アジア経済 経済理論 その他
3. 教育（　　） 4. 法律・政治（
5. 社会（社会学 社会理論 その他　　） 6. 哲学・思想（
7. 心理（　　） 8. 環境（　　） 9. その他（

大本営に見すてられた楽園　　読者カード

井書店の本をご購読いただき，ありがとうございます。今後の編集の資料とさせただきますので，お手数ですが，下記の設問にお答えください。ご協力をお願いします。

の本を最初に何でお知りになりましたか。

新聞広告（新聞名　　　　　　　　）　2．雑誌広告（雑誌名　　　　　　　　）
新聞・雑誌などの紹介記事で　4．書店・生協でみて　5．人にすすめられて
インターネットなどのＰＣ情報で　7．その他

買い求めの動機は？

タイトルが気に入ったから　2．テーマに興味があったから
著者に関心があるから　4．装丁がよかったから
書評・紹介記事を読んで　6．広告をみて
書店・生協の店頭で内容をみて
その他

の本をお読みになってのご意見・ご感想や小社に対するご要望をお書きください。

協力ありがとうございました。

カロリナス台地のジャングルに移動をはじめた。

その時、米軍の艦砲が移動をはじめた農民の集団に撃ち込まれた。直撃をうけた親子の姿は消え、血の海がひろがっていた。生き残った人びとも、手をもぎとられて、子を背負ったままうずくまっている母親、大腿部の肉をそぎ取られて血まみれになっている娘など、地獄そのものであった。

隊員総出で介抱したが、薬もないので止血をしたり包帯をする程度の手当しかできない。この坂道を登ればカロリナス台地にでる。そこにあるジャングルに隠れなさい、と教えるよりほかになかった。

夜が明けると陣地の前の農道に農民たちの死体が横たわっていた。避けることのできない死が、実感として迫ってくる。

狭い塹壕にはいっていた浅野庄一、中村英三、岩田実の三人の兵士は、黙りこくったまま、同じ思いに胸をつかれていた。中村がポケットから両親と兄弟の写真を出してじっと見つめている。

「さようなら」とつぶやく頬が涙で濡れていた。岩田も両親の写真を見つめていたが、黙ったまま一〇円札をちぎっている。浅野もいつのまにか札を細かくちぎっていた。

岩田が写真を破ろうとした。浅野は「待て、最後まで守ってくれるのは両親だぞ。一緒に死ぬんだ」と、なだめた。岩田は黙って写真を千人針の腹巻きに丁寧にしまった。

「壮烈無比、敢然として玉砕す」などと発表してはばからない、大本営の発表は空ぞらしい。強制される死ほど重苦しく、ギリギリと人を苦しめるものはない。三人の若い兵士の姿とその思いは、大本営の無策の結果、追いつめられた兵士の偽りのない姿なのである。

岡本中隊は戦死者が続出、残存兵は一〇〇名ほどになった。浅野の所属する渡辺分隊の陣地は前が畑で三〇〇から四〇〇メートルの視界がひらけ、敵に攻撃されやすい地形である。砲撃の標的となり爆風と砂塵で頭をあげることもできない。負傷者が続出した。

激しい砲撃がやむと夕闇が迫っていた。小隊伝令の浅野は命令受領のため中隊本部へ出頭した。「特攻斥候ヲ編成シテ敵情ヲ強行捜索スル。渡辺、畠山分隊ヨリ各一名ヲ選抜シ、梶田分隊長ノ指揮下ニ入ラシムベシ」という命令だった。

特攻斥候選出の報告を聞いた渡辺分隊長は、困惑した表情でしばらく無言のままである。「誰か行ってくれんか」分隊長がつぶやくようにいうと、分隊全体が妙にシーンとしてしまった。通常の軍隊ではありえないことである。今日死ぬか、明日死ぬか、いずれ死ぬことはまぬかれられないことなのだが、わずかでも生きのびたいと思うのは当然のことである。当り前の人情を強引に圧殺してきたのが軍隊であった。崩壊寸前の軍隊に一瞬、娑婆の人間臭さが立ちこめたようであった。

命令を受領してきた手前、「分隊長、浅野が行きます」というほかにない状況であった。分隊長は「小隊長伝令は出すわけにはいかない」といったものの、誰も行こうとする者がなかった。

「浅野、死ぬんじゃないぞ。斥候だから偵察だけしてくればいい」と、分隊長は語気を強めた。「特攻」などはいい、戦車など攻撃するな、斥候の任務だけを果たしてこい、という言外の意味を込めた説得であった。

梶田斥候長、浅野上等兵、井上上等兵の三名は、着剣した銃をかまえて、闇のなかをマルポ国民学校に通じる坂道を登っていった。

時々、照明弾が射ちあげられる。暗闇の向こうで民家が燃えている。炎をうけ、黒い大きな影が映しだされた。敵かと思い用心深く近寄ってみると、破壊された友軍のトラックであった。トラックの影から、人が近づいてきた。三人連れの親子だった。いままで頑張ったが、家に火をつけて逃げてきたのだという。

焼け残った砂糖キビ畑をかいくぐり、米軍陣地に近づいた。なぎ倒された防風林の側溝にそって進む。おびただしい日本兵の屍体が異臭をはなっている。さらに北に進むと破壊された民家があった。民家を利用して敵陣に接近する。敵との距離はいくらもない。米兵の話声と口笛が聞こえる。闇をすかして見ると、螺旋状の鉄条網が幾重にも張りめぐらされていて、一歩も近づけないようになっている。戦車の影が数両ある。厳重な鉄条網のなかで米兵はゆっくり休養をとっているのだ。

その時、ガラガラと音がしたと同時に、敵の火器が一斉に火をふいた。誰かが敵の警戒網の鉄線にひっかかったのだ。

三人は無我夢中で突っ走った。闇のなかを火光と銃撃音が執拗に追ってくる。ゆるやかな傾斜になっている畑を脱兎のごとく駆け抜けて、窪地に飛び込んでようやく銃弾の追撃から逃れた。

三人は大きく息を吸い込んで、無事を確認して帰隊の途についた。

真夜中になって中隊にたどりつき、敵情を報告してやっと肩の荷を下ろした。中隊長は「明日の戦闘に役立つ」と喜んでくれた。

三人の労をねぎらうために、とって置きの鮭缶を開けてくれた。それを頬ばりながら、話は自然と敵情のことになった。数は不明だが戦車が十数両はあるだろう。銃火器は機関銃をはじめ猛烈を極める勢いである。

分隊へ帰ると、生還できたのが奇跡であるという話を聞いて、下士官も兵隊たちもしんみりとしてしまった。ぐれなかった。照明弾の光が、生気を失った兵隊たちの顔を青白く浮きあがらせた。明日は敵戦車とどう戦うのか……といった思いが誰の胸にもあった。

七月三〇日、南国の太陽がじりじりと照りつけはじめた午前一〇時、マルポに向けて艦砲射撃が開始された。岩陰で最後になるであろう食事をすませた。いよいよ後は戦うばかりである。浅野、中村、岩田の三人は銃をにぎりしめた。

中村が突然、「お母さん!」と叫んで泣き出した。二人は銃を固く握りしめていたが、ついに耐えられず狭い塹壕のなかで三人とも泣いた。

浅野は一七歳になった時、両親が買ってくれたスイス製のモーバードの高級腕時計を思いきり岩に叩きつけた。時計は粉々に飛び散った。誰かが「この壕が俺の墓場だ」と冗談まじりにいっていたが、冗談ではなくなっていた。

「前方、敵戦車!」

監視哨の甲高い声に兵隊たちの緊張は一気に高まった。敵戦車はジャングルを火焔放射器で焼きはらっている。ボワーッという噴射音が空気をつんざく。日本軍の射撃などは眼中にない。

火焔の猛威が縦横に暴れ回っている。戦車に立ち向かう武器はなにもない。敵戦車三両が小隊の陣地に迫ってくる。二〇メートル間隔でジャングルを焼きはらい、洞窟や岩の間に火焔を丹念に噴射して、ゆっくり前進してくる。戦車の後には海兵隊が銃をかまえて随伴してくる。

陣地の擲弾筒が海兵隊めがけて一斉に発射された。一筒八発、三筒で計二四発を撃ちつくすと、筒身が熱くなっていたが熱さを感じないほど緊張の極にあった。機関銃と小銃が一斉に火をふいた。戦車は何も感じないように動き回っている。日本軍が一斉射撃をはじめると同時に海兵隊が姿を消した。日本兵が弾を撃ちつくすのを待つために姿を消したのも知らず、兵隊たちは遮二無二弾を撃ちまくった。

戦車は悠々と弾を撃ち込んでくる。三人が陣地を移動したすぐ後、戦車砲が撃ち込まれ、砕かれた岩が周囲に飛び散った。絶対死ぬという状況のなかにあってもまだ、生と死は紙一重であった。

残り少なくなった銃弾を必死で撃っている時、棒地雷を持った兵隊が戦車に向かって突進していった。はっと息をのんだ瞬間、棒地雷の兵は戦車の銃弾をうけ、どうと倒れた。第二小隊の砂場上等兵であった。つぎつぎに棒地雷をもった決死隊が突撃をこころみたが、戦車にたどりつくことができなかった。

隣の陣地では大野上等兵が機関銃を撃ちつづけている。気づいた敵戦車が反撃にでた。大野の姿勢がガクンと崩れた。浅野が「どうした！」と叫んだが、砲声が声を打ち消した。大野は腹を撃ち抜かれている。大野が手榴弾の安全栓を抜いて自決しようとしたが、ガバッと口から血を吐いて崩れるように倒れた。手榴弾は不発のまま、戦場へころげ落ちていった。

浅野は銃弾を撃ちつくし、ころがっていく小さな鉄の塊を茫然と見つめていた。戦況は手も足も出ない状態である。渡辺分隊長が残存兵に退却を命じた。それでも浅野は茫然としたままだ。「浅野、退れ！」三度目にやっと聞きとることができた。

砲弾の炸裂するなかを、分隊長のいる岩穴まで必死に走った。あと一歩というところで、目の前が真っ暗になった。気を失う寸前、烈しい轟音と土砂と砕けた破片が体全体に降りそそぐのを感じた。

中隊は弾を撃ちつくし、大半が戦死し、攻撃力を失った。

夕暮れが迫ってくると、米軍戦車と海兵隊は引き揚げていった。

浅野がやっと我にかえると、目が見えない。砲声が消え戦場が静まりかえっている。生き残った兵はいないのかもしれない……。

もうこれまでと諦めた浅野は、手探りで腰の手榴弾をはずして、安全栓を抜こうと焦るが抜く力がない。その時、手榴弾を奪い取られた。「馬鹿野郎！死ぬ奴があるか！」渡辺分隊長の声であった。

「おい、浅野、片方の目が生きているぞ」と、分隊長にいわれて左の目を押さえてみると硬い。思いきって開けると、明るさがわかる。

小銃の筒先を分隊長が握り、「俺についてこい」と浅野の先に立った。夜になって衛生兵のいる岩穴についた。分隊長が、手当てをしてもらう交渉をし、衛生兵は浅野に残るようにいったが、分隊長は「浅野、行くぞ」とせきたてて岩穴を後にした。

岩穴には重傷を負った岡本中隊長をはじめ多くの負傷兵がいた。分隊長が浅野の手当てもさせずに岩穴を後にしたわけがすぐわかった。

「ウォー!」と叫んだのか、「お母さん!」と叫んだのか、なんともいえぬ断末魔の絶叫と同時に、手榴弾の炸裂音が夜の静寂をやぶった。二発、三発、四発と轟音をとどろかせた。岩穴の負傷兵全員が自決したのである。

その後、渡辺分隊長と浅野は連隊本部へ向かう途中、米軍の一斉射撃をうけた。照明弾の光の中に分隊長の倒れる姿が、視力の弱った片目に映って消えた。

玉砕と「海ゆかば」

三一日朝、浅野はライオン岩の人ひとりが横になれる狭い穴のなかで、崖下から聞こえてくる「海ゆかば」に驚き耳を疑った。ライオン岩はカロリナス台地の最北端で、ここで台地が終わる。ライオンの頭部が突き出たような大きな岩があり、五〇メートルほどの断崖になっている。その下にマルポの井戸周辺の低地がつづき、その先にサバネダバス台地がある。島の人びとは昔からずっとこの奇岩をライオン岩と呼び親しんできた。

浅野庄一は『幻の防波堤』に次のように書いている。

「明け方近くようやくライオン岩あたりにたどりついた。乾パンを噛りながら一息いれていると、崖下の方で俄にざわめきが起こった。突然、『愛国行進曲』が聞こえたかと思うと、一番だけですぐ『海ゆかば』に変わった。こんな時に、声を出したら立ち所に敵の餌食にされるのにと、その心ない業に腹を立てたが、一向に止む気配もなく、益々声が大きくなっていくではないか。歌が止んだと思った途端、手榴弾の炸裂音がつぎつぎとあがった。負傷した者、動けぬ人たちが自らの命を絶った死の音である」

海ゆかば水漬く屍
山ゆかば草生す屍
大君の辺にこそ死なめ
顧みはせじ

「天皇のために命を惜しまず死ぬぞ」というような歌詞であり、曲もまた地獄の底から死を招くような不思議なメロディーで、極限状況に追いつめられた人びとの心を呪縛する力をもっている。

浅野はライオン岩で「愛国行進曲」を耳にしたが、一番だけでやめ「海ゆかば」に変わったと書いている。勇ましい「愛国行進曲」では、死を決意することができず「海ゆかば」に変えたのである。「海ゆかば」が手榴弾の安全栓を抜かせ、一気に衝撃を加えて手榴弾を爆発させたのである。「海ゆかば」は実は人びとを死にいざなうように仕組まれた歌曲なのだ。

「海ゆかば」は大伴家持の長歌の一節で、『万葉集』に収められているものである。家持の感傷的歌風は、『万葉集』のなかでも高く評価されている。「海ゆかば」が『万葉集』のなかに静かに収まっていれば、優れた芸術作品として、多くの人びとに鑑賞されつづけたはずである。

ところが一九三八年（昭和一三）、『万葉集』のなかから「海ゆかば」の部分だけを抜き出して、信時潔作曲で発表された。この時点から「海ゆかば」は『万葉集』から抜け出て、ひとり歩きをはじめたのである。

この年は日中戦争が開始された次の年にあたり、「愛国行進曲」（森川幸雄作詞・瀬戸口藤吉作曲）、「日の丸行進曲」（有本憲治作詞・細川武夫作曲）、「麦と兵隊」（藤田まさと作詞・大村能章作曲）など、戦意高揚の歌が続々と発表された年である。

しかし、「海ゆかば」は戦意高揚の歌の分類には属さない。「出征兵士を送る歌」、「爆弾三勇士の歌」、「進軍の歌」、「露営の歌」、「軍国の母」、「愛国の花」などで国民の戦う意欲を徹底的にかきたてておいて、戦意の終末をしめくくる歌として、「海ゆかば」は位置づけられた。大伴家持の感傷的歌風に目をつけた戦争指導者は、「海ゆかば」に悲愴感をかきたてる曲をつけることによって、死ぬことを悔いない感情のブラック・ホールへ人の心を引きずり込む計算であったと思われる。

戦争が終わって五〇年たっても、軍国主義者の陰謀に気づかぬばかりか、いまもその哀愁をふくんだ歌曲を懐かしむ人びとがいる。

戦中の「海ゆかば」とは一体なんであったのか、それを理解する知恵と、生と死のけじめをつける意志を、日本国民はもっているはずである。

『幻の防波堤』（浅野庄一）の手記にその片鱗を見ることができる。

「此処で死ねば分隊長達と一緒になれるのだ……。澄み切った空、碧い海を見ていると、興奮した気持も静まったのか、次々と昔のことや故郷のことが思い出されてくる。那加第一小学校の校庭が目の前に広がって大勢の子供が庭一杯になって遊んでいる。『みんな、さよなら』別れを告げると何時しか校歌を口ずさんでいた。

『地は秋冷に気は澄みて／緑に映ゆる石山を／控えて根ざす学舎は／これぞ我等の心意気』俺は今から自決するぞ、自分にいい聞かせながら歌った。涙がつぎからつぎへと出て泣きじゃくりながら歌っていた。

気が静まったのか、涙で洗われたのか、歌っているうちに『死ぬんじゃない。死ぬんじゃない』と、何かが囁いているような気がしてきたのである。分隊長もよくいっていた、『死ぬことは何時でも出来る、生きられるだけ生きるんだ』と。後で考えると、小学校の溌剌とした校歌が元気づけてくれたのか、分隊長の霊が導いてくれたのか、兎に角、死を思い止まっていたのである。もし、あの時、『海ゆかば』を歌っていたら間違いなく自決していたであろう」

一九九七年七月二四日、浅野庄一、菊池郭元、石上は、衆議院第二議員会館で会った。「海ゆかば」を歌っていたのは、菊池・佐々木両家だと話すと、浅野は絶句した。

一九九九年八月一〇日、菊池郭元の自宅で菊池、佐々木吉民、石上の三人は、岐阜から上京した浅野の話を聞くことができた。

歌声はライオン岩の真下、西寄りであったという。沖山・浅野の証言を頼りに集団自決の現場を発見し、五七年間土に埋もれていた遺品を手にすることができた。

ライオン岩の崖下には、五十数年前の自然林がそのまま残っていた。巨木の下の大きな岩の前の枯葉と土を除くと、靴のゴム底の大人ものと、子供ものの革靴の底皮が出てきた。佐々木吉民の証言で、サイパン家政女学校の佐々木千代（当時一五歳）のものとわかった。五七年間、死者はこの時を待ちつづけていたにちがいない。

第九章　集団自決した家族

二つの家族

話は米軍上陸の日に戻る。

テニアンの町は空襲によって廃墟と化していた。町の人びとはすべて、カロリナス台地北側のジャングルのなかに避難していた。

菊池鉄太郎、妻タネ、八歳を頭に四人の子供は、鉄太郎が南洋庁・サイパン支庁・テニアン出張所に勤務していたので、町を離れず近くの防空壕で生活していたと思われる。

七月二四日六時三〇分、上陸用舟艇が港に向けて突進してくるのを見た第五六警備隊司令大家吾一大佐は、米軍の陽動作戦とは知らず、町の近辺に残留している民間人を調査し、避難勧告をするように部下に命じた。

鉄太郎一家はその指示に従って、北に向かって退避したと思われる。第三農区カーヒー地区に住む父菊池照三の家族四人も一緒に、妹園枝の嫁ぎ先の第四農区チューロ地区の佐々木正之の家に向かった。

途中で米軍はテニアン港ではなく、西ハゴイ海岸に上陸したことを知った。敵の上陸地点に向かって避難していることを知ったその驚愕は、はかりしれないものがあった。

二四日夕方、米軍はハゴイ池の線で進撃をやめ、日本軍の夜襲にそなえ、戦車と砲を随所に配置、螺旋状有刺鉄線を幾重にも張りめぐらし、陣地づくりに時間をかけた。そのために菊池家の人びとは、二四日は戦火に巻き込まれずにすんだ。

ハゴイ池南側の道は、米軍の陣地があって通れない。菊池一家はハゴイ国民学校の道を右折、羅宗神社の東側の急斜面のジャングルをくぐり、日の出神社の近くの佐々木家にたどりついた。佐々木家の裏のラソー山の山腹には、いくつもの自然の洞窟があると聞いていたので、そこに隠れるつもりであった。

ところが日の出神社の守備隊本部、ラソー山東側山腹の横穴壕にある戦闘指揮所が砲撃の標的になり、守備隊本部も戦闘指揮所も第一航空艦隊司令部も南に移動する状況に追い込まれていた。菊池・佐々木両家族二三人も、軍の撤退と前後して南へ向けて退避した。

ラソー山からマルポまで約一〇キロの道程を、五日かけて南下している。一日に二キロ進んだことになる。昼間は艦載機が移動を許さない。夜は夜で間断なく照明弾が射ちあげられる。その合間をぬっての逃避行であるから、二キロの移動が精いっぱいであった。

幼児・子供が多い上に、園枝が大腿部に銃弾をうけ重傷を負っていたので、移動に手間どった。

菊池照三（六〇）、里つ（五六）、純子（一七）、徹（一一）。

菊池鉄太郎（三二）、タネ（二七）、良子（八）、博己（六）、芙美江（三）、伊萬里（一）。

佐々木玉次（六〇）、とみか（五七）、光子（二七）、八千代（二二）、文代（一五）、千代子（一二）、瑞江（一〇）。

佐々木正之（三六）、園枝（三〇）、由紀子（七）、正克（五）、清美（三）、赫子（七ヵ月）。

家族の年齢を改めて見なおすと、暗澹たる思いがする。ゼロ歳児から五歳までの幼児五人、一〇歳以下四人、六〇歳の老人二人、重傷者一人、人の手を借りなければならない者が集団の半数もいる。この多人数で銃爆撃と艦砲射撃と照明弾の洗礼のなかを逃げるのだから並大抵のことではない。

米軍の攻撃が最大の恐怖であったが、水と食料がまた深刻な問題であった。水はスコールがくるのを待って、シャツや帽子で受けて飲むほかはない。川も池も井戸もなく、水源はマルポの井戸だけである。農家には天水をためた水槽があるが、近づくのは危険である。

昼間はジャングルや洞窟に隠れ、夜を待って照明弾が消えた合間をぬってカボチャやキュウリなどをとってきて、生で齧って空腹をいやした。

七ヵ月の赤ん坊が一番かわいそうであった。重傷を負った母親の乳は出ない。伝い歩きをはじめたばかりの赤ん坊に、生の野菜を噛みくだいて食べさせたと思われる。

逃避行は、日の出神社を起点として真直ぐに南下する牛車道路と、南興の軽便鉄道チューロ支線の線路ぞいを歩いて行われた。普段なら一日で歩ける道程である。逃避行の背後に、体力を消耗して衰弱した、恐怖におびえる幼い子供たちの姿を想像することができる。

米軍の侵攻は実に緩慢で、特に東側に進攻した部隊は一日に一、二キロのゆるやかな進撃であった。二三人は米軍に背後を押されるような格好で、ついに平地の果てであるマルポに追いつめられ、行く手をライオン岩にはばまれてしまった。

三〇日夜明け前、一行が泉神社の前を通りマルポの井戸にたどりついた時、米軍はマルポ国民学校の陣地をあとにして、戦車を先頭に進撃を開始した。砲声と戦車のキャタピラの音が、米軍が背後に迫っていることを知らせる。

崖に行く手をはばまれ、ついに洞窟に隠れた。

二三人が息をひそませているすぐ近くで、岡本中隊と海兵隊の壮絶な戦闘が展開された。米軍は洞窟の一つひとつに火焔攻撃を行っている。自分たちもいつ火焔攻撃をうけるかわからない。体も心もすでに限界に達していた。

夕方、砲声が途絶え、戦闘が終わった。恐るおそる洞窟を出た菊池鉄太郎と佐々木正之が目にしたのは、累々たる日本兵の死体であった。

日本軍は全滅した。破壊しつくされた陣地とおびただしい死体がそれを証明している。二人は暗澹たる思いで一睡もできない夜を過ごした。

菊池鉄太郎と佐々木正之は、「もうこれ以上は逃げられない。自爆しよう」と決意するほかにない状況に追いつめられた。

行動をともにしていた沖縄出身の若者二人に、「若し、親戚の沖山為夫が生きていて会えたら、私たち家族全員が死んだと伝えてくれ」と、正之は頼んだ。為夫の妻は正之の妹である。

沖縄出身の若者二人は洞窟を出て、崖を迂回したところで「海ゆかば」を聞いた。はっとして立ち止

左がライオン岩。右はマルポの樹海

まると手榴弾がつづけて三発爆発した。二人はそのままカロリナス台地に通じる崖をよじ登って逃げた。

テニアンの戦闘が終結して数ヵ月がたった。沖縄出身の二人の若者はチューロ収容所の一万人近い収容者のなかから、沖山為夫を探し出して約束を果たした。

その話を聞いた米兵が、為夫に、ジープを出すから遺体を埋葬するようにといってくれた。

ライオン岩の真下の自爆現場へ着くと、一本の巨木の下に平たい岩があり、爆風で飛ばされた遺体はすでに白骨となっていた。沖山は、大人たちが子供たちを囲んで自爆した痕跡を見て息をつまらせた。見上げた木の枝に姉の頭がひっかかっていた。見馴れたちぢれ毛で一目で姉とわかった。

沖山は目を見すえて、散らばった遺骨を見落としのないように、丁寧に集めた。余りのむごたらしさに、米兵も顔をくもらせ、スコップを沖山に差し出した。

沖山は岩の陰に穴を掘り、集めた遺骨を埋葬し、長い間合掌して動こうとしなかった。

南方開拓移民

菊池照三、菊池鉄三郎、佐々木玉次、佐々木正之は八丈島の出身である。テニアンの農業移民には、島の出身者が多い。

島からの移民が多いのは、気候風土などに共通点が多く、開拓に適していたからだといえる。また、島における人口の過剰、経済的疲弊が挙げられている（『南洋群島の研究』矢内原忠雄）。

菊池照三、佐々木玉次（八丈島）、川島十郎、川島善兵衛（小笠原）、小平七次郎、佐藤春喜（小平の長男・福島）、この人びとが、故郷をあとにしてテニアンへ渡ったのが一九二七年（昭和二）と時を同じくしている。また、渡南の理由も共通している。

菊池照三は八丈島で手堅く農業を営んでいた。

第一次世界大戦が終わると、戦争成金が一攫千金をねらって、事業に手を出した。照三の兄久次郎も八丈で牧畜をやっていたが、高価なホルスタイン種の乳牛を購入した。バブルの風潮に便乗して一攫千金をねらったのである。資金は銀行からの借金であった。

久次郎の保証人が弟照三であった。大正から昭和に年号が変わった頃、八丈では牛の伝染病が蔓延し、多くの乳牛が死んだ。久次郎は借金の返済ができず、夜逃げ同然にアメリカに移住してしまった。
保証人であった照三は、銀行に畑、土地、家屋を差し押さえられ無一物になってしまった。途方にくれた家族は、南興の移民募集に応じることを決め、渡航費、当面の生活費を前貸ししてくれる条件でテニアンに渡った。

小平七次郎は戦後の好景気に乗って、鉄道の枕木を製造する会社をつくり、友人と共同経営をした。不況になり資金ぐりがむずかしくなると、共同経営者は資金をもって逐電してしまった。七次郎はすべてを銀行に差し押さえられ、同郷の松江春次南興社長を頼ってテニアンに渡った。

テニアンで集団自決した川島十郎、川島善兵衛の父も、農業不況を、銀行から金を借りて乗りきろうとしたが力つきて、銀行に土地、家屋、畑から茶碗まで差し押さえられ、やむなくテニアンに移住した。一九二七年（昭和二）のことであった。

松江春次南洋興発株式会社社長は、昭和の大不況で、経済的に完全に追いつめられた多くの農民を救済したことが高く評価され、感謝されている。

また、成功は困難と思われていたテニアンの開拓と砂糖キビ栽培は島の九五パーセント（昭和一三年・最盛期）に達し、東洋第二の生産高を上げ、松江は「シュガーキング」と呼ばれた。

逆の評価もある。松江を陰で「松江天皇」と呼ぶ人が多い。ワンマン、独裁を揶揄したものである。「山師」「農民搾取」「帝国主義を推進した植民地経営者」など厳しく批判されている面もある。

戦争成金が一攫千金をねらって渡南したものの、杜撰な経営で倒産した西村拓殖、南洋殖産、喜多合名などの社員、労働者千余名が飢餓寸前で路頭に迷っているのを見た松江は、食料を与えて工場や軽便鉄道の労務者として採用した。救済の美挙とする者と安い賃金で労働力を確保した搾取のはじまりと評する二説がある。

松江は困窮している農民にはテニアンへの渡航費、当面の生活費、住居の建築資材などを支給し、砂糖キビの栽培、納入によって貸付金を返済させる方法をとった。

島全体を四つの農区に分け、農地は碁盤の目状に区画して、一つの農家に六町歩の農地を割り当てた。砂糖キビの刈り入れは班ごとの共同作業で行われた。刈る人、束ねる人、運ぶ人の分業で、カレーター（牛車）で畑から運び出した砂糖キビは、軽便鉄道の貨車に積み替え、港の近くにある製糖工場に運ばれた。

支払いは現金で行われ、南興の売店で購入した味噌、醤油、日用品などの代金が差し引いてあった。農家の建物は大小はあったが、大方は平均した建物であった。木造バラック、トタン葺き、板張りの床、部屋は三―四あり、広い土間があった。

子供たちは、鶏の世話や砂糖キビの刈り入れなど、家の手伝いをよくやった。そして、自然のなかでよく遊んだ。山へ行けば、マンゴウ、パパイヤ、アステなど南国の果物に事欠かなかった。

子供たちにとって、テニアンは楽園であった。

第一農区のような肥沃な土地を割り当てられた農民は、一年で借金を返済したが、島の中央から北側は、ジャングルや巨木が多く、開拓に時間がかかり、したがって借金の返済に三年も四年もかかり、南興の制度に不満をもつ者もあった。

松江個人の功罪はともかくとして、南興が海軍を中心とする南進の国策に便乗して、従業員四万八千余名（職員一六〇〇名、耕作者三四八三戸）を軍民協力によって「玉砕」戦に巻き込んだことは記憶すべきことである。

陸軍を中心とする北進の国策は、南満州鉄道株式会社（満鉄）を中国東北部侵略の拠点とした。理事長は勅令で任命、従業員二九万六二一三名（中国人三万三四八九名——一九四二年）の超大企業で、大日本帝国の支店のようなものであった。

南興と満鉄の類似点は、国策にそって植民地で事業を拡大したこと、敗戦直前に国が在留邦人を見すてて、彼らを棄民と化したことである。

満州では在満邦人一五五万人のうち一七万六〇〇〇人が、病死、餓死、凍死し、開拓農民二七万人のうち七万八五〇〇人（二九パーセント）が死没した。

南興の従業員は四万八〇〇〇人のうち一万四五〇〇人が戦没した。満州と比べて死没者数は少ないが、死亡率は三〇パーセントを越えている。

北も南も、植民地への農業移民は、政府の経済政策の不手際から日本を追われた人びとである。そして十余年粒々辛苦、生活が安定したところで大本営に戦場に置きざりにされた。菊池鉄三郎、佐々木正之の家族二三人も戦争指導者たちの愚かな戦略、戦争終結の判断ミスの犠牲となった。

教育勅語

マルポにはもう一組民間人の集団自爆があった。

川島十郎、川島善兵衛は父の病没後、それぞれ独立してカーヒー地区で砂糖キビ栽培に従事していた。米軍が西ハゴイ海岸に上陸したことを知ったカーヒー地区の農民は、カレーターに食料や家財道具を積んで、カロリナス台地に向けて避難をはじめた。

川島十郎、川島善兵衛と一七名の家族はそろって難民のなかにあった。ところが十郎が飼っていた牛十数頭がどこまでもついてくる。夜が明ければ砲撃、爆撃の標的になってしまう。家族は必死で牛を追いはらった。

手間どった一七人は暗闇に取り残され、カレーターも家財道具も捨て、食料だけを持って子供の手をひき、照明弾が消えたわずかな隙をねらって、励ましあいながらカロリナスへ向かった。ところが砲弾が近くで炸裂、子供をかばった十郎は左右の手首を失った。応急の止血はしたが重傷である。

善兵衛はカロリナスを諦め、近道をたどってライオン岩の真下のマルポの井戸の方へ逃げた。マルポの井戸は艦砲射撃の標的になっている。一七人はマルポの井戸の手前を直進して、ライオン岩とサバネダバス台地にはさまれた谷地の洞窟に隠れた。

洞窟には紫の袱紗に包んだ「教育勅語」を大事にかかえた国民学校の校長が先に隠れていた。洞窟の外では米軍戦車のキャタビラの音と迫撃砲の炸裂音、機関銃、小銃の銃撃音が空気を引き裂くように響いている。

戦闘は洞窟のすぐそばで行われている。子供たちは脅え、十郎の出血もひどく、大人たちの緊張は極限に達した。「もうこれまでだ」大人たちは決意した。その時、校長が「教育勅語」の朗読をはじめた。手榴弾を取り出した時、川島の子供の佐智子（小学五年）、敏夫（小学三年）、安夫（小学一年）の三人が洞窟を走り出た。十郎が子供の後を追って、洞窟を出たところで米軍に射殺された。残る川島一族一三人は、「教育勅語」を守っている校長とともに手榴弾で自爆し、全員肉片となって飛び散った。

菊池、佐々木両家二三人の集団自決は、浅野庄一の手記によって七月三一日であることがはっきりしている。川島善兵衛をはじめ一三人の集団自決は、七月三〇日の正午すぎから日没前までの間に行われた。岡本中隊と米海兵隊戦車群が激戦を展開している最中である。十郎が米兵に射殺されたことがそれを証明している。

三人の子供たちは米兵に保護され、チューロ収容所に収容された。収容所での生活は約一年六ヵ月つづいた。一九四六年（昭和二一）初め、佐智子、敏夫、安夫の三人は、南興直営のカーヒー農場の現場監督・斉藤正光に連れられて、引揚船で久里浜に上陸することができた。出迎えたのは善兵衛の弟川島五郎であった。

三人の生還は、暗中光明を見る思いであるが、自爆した校長には「教育勅語」の奉護義務が重くのしかかっていた。文部省が出した「学校防空指針」の「学校ニ於ケル自衛防空」の主眼は、第一に「御真影、勅語謄本、詔書訳本の奉護」が明記されていた。

内地でも「御真影」や「教育勅語」を守るために、殉職した校長や教員が数多くあった。空襲どころか戦場の真っ只中にあっては、校長を呪縛した奉護の義務感は想像をこえるものであった。

戦陣訓

「海ゆかば」に呪縛されて自爆した人たち、「教育勅語」奉護の巻きぞえになって自爆した人たちにつづいて、「戦陣訓」を実行した兵隊とともに自爆に巻き込まれた民間人がいた。

「恥を知る者は強し。常に郷党家門の面目を思い、愈々奮励して其の期待に答うべし。生きて虜囚の辱を受けず、死して罪禍の汚名を残すこと勿れ」

この一言が多くの将兵を死に急がせ、民間人の命まで奪った。

六月下旬から七月下旬まで、佐藤照男（証言者・当時一一歳）の祖父、両親、兄弟など一七人は、カロリナス台地の北東のはずれのジャングルに隠れていた。地形が複雑で起伏が激しく、隆起珊瑚礁の特徴を示すV字型の空間があちこちに、大きな口を開けている。二メートルぐらいのものから、一〇メートルもあるものもある。

佐藤たちは深い岩の割れ目の上をトタン板でおおい、家財道具を山積みにして、一七人がひとかたまりになって隠れていた。

約一ヵ月の間、砲声、銃声はやや離れた所から聞こえていた。ところが八月一日の朝から、ジャングルのすぐ外側、住吉神社あたりと思われるところから、激しい砲撃と銃撃音が響くようになった。

「危ない！」と佐藤たちは直感した。「家財道具を守るからお前たちだけ行け」という祖父小平七次郎を残して、一六人はジャングルを脱出して、東海岸へ出た。そこは、高さ五〇メートルもあろうかという断崖であった。奥行が一〇メートルほどの横穴を見つけて、一六人はそこに隠れた。

その夜、母春代の兄、伊藤定義（仮名）が話声を聞きつけて、穴に入ってきた。

定義は、「美恵子を殺した。美恵子を殺してきた」と、半狂乱の状態であった。春代に背中をさすられ、気持ちの静まった定義は、さっき起きた惨状を語った。

定義は妻タマキ、娘美恵子（一一歳）と近所の農家の人たち十五、六人と、カーヒー農区からやっとの思いで住吉神社の下まで逃げのびてきた。

七月三一日、珍しく砲声と銃声が聞こえなかった。日本軍が全滅したのでは……と不安な一夜を過ごした。

翌朝、住吉神社を真下に二キロほど下りたところで米軍は砲列をかまえ、一斉射撃を開始した。

定義たち農民はひとかたまりになって、近くの洞窟に逃げ込んだ。砲撃はずいぶん長く感じられたが、実際は一〇分ほどであった。砲撃が終わると戦車を先頭に、海兵隊はカロリナス台地に向けて前進をはじめた。戦車のキャタピラの音がすぐ近くに聞こえる。農民たちはじっと息を殺して隠れていた。

そこへ負傷した日本兵が二〇名ほど逃げ込んできた。重傷の兵隊もいる。洞窟のなかは血の臭いで息苦しくなるほどであった。戦車と海兵隊はカロリナス台地に達したのか、銃声はやや遠のいた。戦車が通り過ぎ、夜がくるまで、恐怖を突きつけられた長い一日であった。

入口近くに隠れていた定義が、陽が沈むのを待って「安全なところを探してくるから、ここを動いてはいけないよ」と妻にいいふくめて、暗い山道を登りかけた時、腹にずーんと響く手榴弾の爆発音がした。嫌な予感がして、山道を駆け下りた。

洞窟の入口に妻が血だらけになって倒れていた。マッチをすると洞窟は地獄そのものであった。人の手足や首がばらばらになって飛び散っている。娘の美恵子は激しく痙攣し口からごぼっごぼっと血を吐いていた。自爆した兵隊の道づれになったのだ。

「お父ちゃん、早く逃げて。音を聞いて、米軍がくるよ」と血だらけの妻は夫を逃がそうと必死であった。「あたしのことはいいから、美恵子を楽にしてあげて」と哀願する。

爆発音を聞きつけた米軍のジープのエンジン音が近づいてきた。

動転した定義はそばにあった石で娘の頭を強く打った。美恵子は死んだ。ジープのライトはすぐ近くまできている。定義は洞窟から飛び出して逃げた。

カロリナス台地を北に向かい、ジャングルを抜けて、マルポ岬の断崖をさ迷っているうちに、偶然妹の春代に出会ったのである。

その後チューロ収容所に収容された定義は、米軍の許可をとって妻と娘の遺骨を拾いに行った。美恵子の遺骨は拾うことができたが、妻の遺骨は見つけることができなかった。「どこかで生きているのではないか」一縷の望みをもったが、妻タマキにはついに会うことはなかった。

「戦陣訓」の「生きて虜囚の辱を受けず」この一言のために負傷兵は自爆した。

しかし、戦争指導者たちは、この掟の埒外にあった。

捕虜になった参謀長

一九四四年（昭和一九）三月三〇日、パラオは米機動部隊の艦載機の大空襲をうけた。戦艦武蔵をはじめ重巡五隻、駆逐艦七隻はパラオを退避、内地に向かった。港内に残った艦艇一四隻、タンカー四隻、輸送船二一隻、航空機一四七機が撃沈、撃破された。

旗艦武蔵から陸上に退避していた連合艦隊司令部は、米機動部隊がパラオ攻略作戦を展開したものとの判断から、飛行艇二機に分乗してパラオを飛び立ち、フィリピンのダバオに向かった。

二機の飛行艇は途中、猛烈な台風に巻き込まれ、古賀連合艦隊司令長官の飛行艇は遭難、行方不明になった。

もう一機の福留参謀長の乗機はダバオの北方、フィリピンのセブ島沖に不時着水、大破炎上、機体は沈没した。連合艦隊司令部は古賀長官、幕僚の多くを失い壊滅的打撃を受けた。

福留参謀長と山本先任参謀など九名は、不時着機から脱出して助かったが、ゲリラに捕らえられた。

その時、最高機密書類である乙作戦関係書類（マリアナ沖海戦・「あ」号作戦、フィリピンの「捷」一号作戦など）と暗号の入っている鞄を漁民に拾われた。どこの国の軍隊もこうした重要書類を入れた鞄には鉛の塊を入れ、遭難した時は海に沈むようにしてある。福留たちはそれをしなかった。

福留機が遭難して九日たった四月一〇日、ゲリラを掃討中の独立歩兵第一七三大隊長大西精一中佐は、ゲリラの指揮官クーシン中佐から一通の手紙を受けとった。「日本海軍高官（福留繁中将）他八名の幕僚を捕虜にしたが、討伐を中止すれば九名を返す」というものであった。

大西大隊長は事の重大さに驚き、上級司令部に連絡し、即座に討伐を中止して福留中将はじめ九名を引き取った。

海軍は「重要機密書類」の紛失について、現地で一回、東京・海軍大臣官邸でさらに一回、事情聴取を行った。福留は機密書類はフィリピンの漁民の手に渡ったと証言した。しかし、海軍はそれ以上深く追及することなく、二回の審問で不問に付してしまった。

また、情報参謀が暗号の変更と主要作戦構想の再検討を具申したが、上層部はこれを無視した。もし機密書類問題を取り上げれば、福留参謀長の責任問題が表面化し、それに付随して捕虜になったことも問題になり、福留は自決しなければならなくなる。

戦後、この重要機密文書は米軍押収品のなかにあることが確認されている。日本海軍の暗号はすべて解読され、「あ号作戦」も「捷一号作戦」も作戦内容を米軍が知っていたのでは、第一線将兵は裸で超近代化された大軍団に戦いを挑むようなものであった。

マリアナ沖海戦に参加した海軍参謀奥宮正武は、『太平洋戦争　五つの誤算』のなかで、海軍は福留中将をその後、「捕虜になった者として扱わず、同年四月六日、海軍省出仕としたのち、六月一九日には第二航空艦隊司令長官とした。が、同中将の場合は、どう考えても『戦陣訓』の違反者であった」と指摘している。

第一〇章　戦場を脱出した少女たち

戦場へ

米軍が上陸した。島のすべてが緊張に包まれ、子供たちはふるえるばかりだった。矢口隊の兵隊は鉄兜に身をかため、実弾をこめた銃を手に走り去った。武装した兵隊たちは大隊本部に集合したのであろう。

その時、在郷軍人山口真好中尉（南興社員）が指揮をとる民間義勇隊が、農家に呼びかけて回った。

「一家に一人は兵隊の手伝いを出すこと」

五十嵐奈美子の家では、すでに長兄と次兄が義勇隊に出ている。五一歳になる父は手伝いに出なくてもいいはずだが、米軍上陸の状況下で四五歳以下という義勇隊の年齢制限は通用する状況ではなかった。押し黙ったまま父はゲートルを巻いている。母はあわただしく、鶏飯を釜いっぱいつくった。

父は鶏飯の盛られた茶碗をじっと見つめるだけで箸をとろうとはしなかった。もう時間がない。父は鶏飯には箸をつけず、お茶を一気に飲みほし、「行ってくるよ」と立ち上がった。

「お父さん、気をつけて……」と奈美子。父は母と奈美子を無言のまま見つめ、一言も残さず暗い道を足早やに去って行った。父五一歳、奈美子一一歳、妹君子二歳の時であった。

午後八時、矢口隊の出撃が決まった。兵隊の出入りが激しくなった。農家の納屋の兵器や弾薬をトラックで運び出している。農家の人びとも手伝っている。トラックは物資を積み終えるとあわただしく出て行った。

新しいトラックが止まった。

「奈美ちゃん、奈美ちゃん」

河合上等兵と清水一等兵の奈美子を呼ぶ声が聞こえた。緊迫したその声は父や兵隊たちの死を予告する響きをもっていて、奈美子の足は動きを止めた。ひとしきり奈美子を呼ぶ声を聞いたが、足がどうしても動かない。

三月に矢口隊、約三〇名が第三農区カーヒー四班の円、沖、大城、五十嵐の四軒に分宿して、約五ヵ月になる。炊事係の手伝いをしたり、一緒に歌をうたったり、奈美子にとって楽しい日の連続であった。奈美子を妹か自分の子供のようにかわいがってくれた兵隊たちが死ぬのかと思うと、幼い少女の胸は張り裂けるほどであった。

母子三人の逃避行

米軍が上陸した次の日の朝から、砲声が島を圧した。夜を待って、母は妹を背負い、カレーターに布団、米、味噌、水を積み、牛にひかせて逃げることに決めた。

カーヒーの牛車道路は、カロリナス方面へ逃げる難民でごったがえしている。

カロリナス台地にたどり着く前に、夜が明けはじめた。歩くのは危険である。三人の母子は草むらに疲れはてた体を横たえた。照りつける暑さが息苦しかったが、陽が沈むまでじっと我慢するほかなかった。

海を見ると米軍の艦船がひしめきあっている。陽が沈むのを待って草むらをはい出る。三〇人ほどの人が同じ草むらに隠れていた。敵に発見されないように、気をくばりながら前進した。

やっとカロリナス台地に通じる崖にたどりついた。道が急に狭くけわしくなった。カレーターはここで捨てるよりほかない。奈美子は「気をつけて逃げるんだよ」と牛の鼻面をたたいた。

奈美子は妹を背負い、ご飯と水を両手にぶらさげ、必死に急な坂道を登った。母は布団と米を背負って登ったが、途中で布団は捨てた。うっかり音を出すと情け容赦なく艦砲が飛んでくる。音をださないように緊張した逃避行であった。

山路は細いので三〇人ほどの集団は、一列になって歩いた。奈美子たちは先頭を歩いていた。後ろの方で小さな子供が泣き声を上げた。そこをめがけて砲弾が撃ち込まれた。奈美子たちは絹を裂くような砲弾の飛来音を聞いて、そばにあった洞窟に飛び込んだ。

ふり返ると何百発もの花火が一斉に炸裂するような、鮮烈な光が飛び散っている。しばらく洞窟に隠れ、また坂を登っていく。道はますます峻しくなり、崖が行く手をさえぎる。崖下からは波のくだける音が聞こえる。足を踏みはずせば命はない。

立往生しているところへスコールがきた。

南国のスコールはあっという間に通り過ぎていく。空には満天の星がきらめいている。一瞬ウトウトしたかと思うと、東の水平線のあたりが微かに白みはじめた。これは危ないと直感した。

絶壁にはばまれ進むことはできない。山道を引き返すと、友だちのマサ子の母が太腿の肉を大きくえぐられて、うずくまっていた。マサ子は茫然としたままである。そばに妹の死体が横たわり、父は砲弾の直撃を受け体がばらばらに飛び散っていた。

頬の肉を砲弾の破片でえぐられ、傷口の穴が赤くぽっかりと開き、力なく横たわっている人もいた。その周りには無数の死体が横たわっている。奈美子たちが洞窟に飛び込んだ時に、艦砲の直撃をうけたのである。

奈美子母子は地獄から脱出する思いで、死体をまたぎ、ジャングルに身を隠した。

妹が空腹のあまりぐずり出したので、奈美子は生米を噛みくだいて食べさせた。恐怖と疲労で三人は草むらのなかに横たわり、眠った。

また夜が来た。月の光をたよりに、安全な場所を探して草むらにわけ入り、山を上ったり下ったりしている時、米軍の照明弾があたりを真昼のように照らしだした。岩影や草むらに大勢の人びとがうずくまっている姿が映し出された。明け方近くに三人がやっと入れるぐらいの岩穴を見つけた。妹は母に抱かれ、奈美子も母の背に体を寄せて死んだように眠った。

飛行機の爆音と爆弾の音で目を覚ますと、隣に寝ていた母の姿がない。余りの驚きに泣くこともできない。妹も母がいないのに気づいて泣きはじめた。奈美子はどうしてよいかわからず妹を強く抱きしめた。その時、艦載機が人影を見つけたのか、機銃掃射をはじめた。銃弾が岩を砕いて飛び散る。逃げおくれた人が数人負傷したようだ。

死にに行く兵隊

敵機が去ると山の上の方から、二〇名ぐらいの海軍の兵隊が坂道を降りてきた。敵陣に突撃するのだという。妹が「みず、みず……」とむずかり出した。兵隊が「これを飲みな」と、水筒の水を二杯飲ませてくれた。兵隊は妹に「いい子だね」と話しかけ、チョコレートとビスケットと乾パンをくれた。

奈美子は「兵隊さん、お母さんとはぐれちゃったんです。一緒に連れていって……」と頼んだ。

「かわいそうだけど、それはだめだ。兵隊さんは死にに行くんだよ。子供は生きぬかなければいけないよ」といって山を降りていった。

「兵隊さんは死にに行くんだよ」このことばが奈美子の心に深く突き刺さるように残った。

兵隊が去ると二人は穴にとり残された。奈美子がいたたまれない思いで、穴を出て母を探そうかどうしようかと悩んでいる時、山道を登ってくる母の姿を目にした。

奈美子と妹は母に駆けより抱きついて、声を上げて思いきり泣いた。母は二人が寝ている間に、安全な場所を探していて道に迷ってしまったのだった。

母に会えた喜びを敵の機銃掃射が打ち消した。

もう幾日逃げ回ったのだろう。道が行きどまりになると迂回し、また引き返し、また米軍が近いと逃げ回っているうちに、一緒に逃げてきた人びとも散りぢりになり、奈美子たち母子三人だけがジャングルのなかに取り残された。

喉が渇き、空腹で一歩も前へ進めなくなった。疲労が全身をしめつけてくる。

やっと大きな木の根方にたどりつき、妹を真ん中にはさんで倒れるように横になった。木の葉がゆれると星が美しくきらめいている。奈美子も妹も母に甘え、しっかり抱きついたまま眠った。

また、夜が明けた。南国の強烈な太陽が山の彼方に輝きはじめている。今日もまた、艦砲射撃と艦載機の機銃掃射をうけるかと思うと、動く意欲を失ってしまった。

「もう助からない。敵につかまれば、耳や鼻を切り取られる。どうせ死ぬなら、どこへも行かずここにいよう」と母はいう。奈美子も同じ思いであった。

母は持っていた札を財布から出して全部破り捨てた。そしてお不動様のお札を出して拝み、奈美子も拝みなさいといって、二人で手を合わせた。

昼頃になると、空腹で目眩がするほどだったが、食べるものは何もない。スコールを頭にのせたゴザで受け、水を弁当箱に流し込んだ。泥水のように濁っていたが、母子はむさぼるように飲んだ。水は命の泉のようにありがたいものであった。

スコールが通りすぎると、陸軍の兵隊が山から降りてきた。

「兵隊さん、私たちを殺してください。死にたくても何も持っていないんです」母は流れる涙をふこうともせず、手を合わせた。

「民間人を殺すわけにはいかない」

兵隊はきっぱりと断った。何人かで隊を組んでいたら、兵隊は素通りしたであろう。しかし、一人であった兵隊は、三人があまりにも哀れで見すてるわけにはいかなかったのだろう、「いい所を教えてあげるから、ついてきなさい」と、いまきた方へ登りはじめた。母は妹を背負い、力をふりしぼるように兵隊のあとを追った。

細い獣道を通り抜け、鬱蒼と木のおいしげるジャングルにたどり着いた。

兵隊は薄暗いジャングルの奥を指さして、「大きな岩がつき出ているだろう。あの下に洞窟がある。あの洞窟に隠れていれば、助かるかもしれない。命だけは大切にするんだよ」といい、これはいらないから、と水筒を奈美子に渡してジャングルを出ていった。

藤づるにつかまって、急な斜面をおり、大きな岩の裏側にまわると陸軍の兵隊が一〇人ほどいた。

「どこから来た」と尋ねられ、「兵隊さんに岩の上まで連れてきてもらった」といままでの様子を話すと、「大変だったね。これでも食べて……」と兵隊たちは乾パンを出しあって、母に渡した。

母の背の妹を見た兵隊は、帯なしでは大変だと、三角巾をつなぎあわせて紐をつくり、しっかりおぶわせてくれた。兵隊たちは、これから敵陣に突撃するといって、残っている食料を全部くれた。

「諦めてはいけないよ。二、三日しんぼうしなさい。必ず友軍が助けに来るからね」と励ましてくれ、

「ここでしばらく休んで、体力がついたらもっと海の方へ行って、カロリナス岬の崖下に隠れていなさ

い。どんなことがあっても、死んではいけないよ。死ぬのは兵隊だけでいいんだ」兵隊たちの捨身の励ましが、死のうと思っていた奈美子たちに生きぬく意欲を与えてくれた。

洞窟は真暗で入口だけに光があった。だが、敵のくる恐れが少ないだけでも救いであった。

二日目の夕方、三人は、陽が沈みきらないうちにカロリナス岬へ向かって移動をはじめた。海の近くは崖がきり立っていて危険なので、足もとのわかる時間を選んでの移動であった。

磯の匂いと波のくだける音が聞こえる。目の前の大きな岩をこえれば岬に出るのだろう。岩を登ろうとした時、岩影で三〇人ぐらいの海軍の兵隊に出会った。兵隊たちは母子を見て驚いたようであったが、「あそこに壕がある。あの壕なら安全だ」と教えてくれた。壕をのぞくとロープが一本さがっていて、下が小さく見えるほど深い。母はとても下りる自信がないと諦めた。

兵隊たちは出撃の準備をしている。その時、「私も突撃に参加させてください」という女の人の声を聞いた。女の人は右腕にかなりの傷を負い、腕が太くはれ上がっている。

手当てをしていた兵隊が、「あなたは負傷しているのです。それに民間の人を殺すわけにいきません。死ぬのを急ぐことはありません」と、言っているのが聞こえた。

準備が終わると、兵隊たちは牛肉の缶詰をあけ、「これでも食べて、元気を出しなさい」と、奈美子たちにも三個手渡して励ましてくれた。そして、食事が終わると、「生きるんだよ。さよなら」と別れを告げ、出撃していった。

母と奈美子は涙を流しながら、牛肉の缶詰を少しずつ噛みしめ、時間をかけて食べた。いま会ったばかりの若い兵隊たちが、数時間たてば死んでしまうのかと思うと、涙をとめることができなかった。

明くる日、大きな岩をこえて、岬の絶壁の横穴に隠れた。ここから先は海で、逃げるところも、隠れるところもない。長く苦しい逃避行のどんづまりに追い込まれ、なかば諦めに近い思いを抱くようになった。

昼頃、岬の崖の上で激しい銃声が聞こえた。生き残った日本兵と米軍が、銃撃戦を展開しているのだ。七月三一日正午頃、海軍の第五六警備隊（司令大家吾一大佐）が、進攻してきた米海兵隊に最後の突撃を敢行して全滅した時の銃声であった。

「死んではいけない」

夕方近くになると銃声もしなくなった。日本軍が全滅したことは、その静けさが物語っていた。

「お母さん、君子を殺してわたしたちも死のう」奈美子が母にすがりついた。

「そんなことをしてはだめ」母は厳しく、妹を殺してはいけない、と言いきった。子を守ろうとする母親の強さに、「ごめんなさい。二度と君子を殺すなんていいません。ごめんなさい」と、奈美子は母に抱きついた。

「もし敵につかまって、殺されるようなことがあれば、またその時に考えればいい。君子を殺してはだめ」と母はもう一度強く念をおした。母は自分にも念をおしているように思えた。

夕方になるとアメリカの軍艦が島のすぐ近くまできて、「日本の皆さん、戦争はもう終わりました。

出てきなさい。食物も着る物も、薬もあります。手を上げて出てきなさい」

たどたどしい日本語の放送が何回も繰り返された。三人はどうしたらよいか、判断することもできず、じっと息を殺して一夜を穴のなかで過ごした。

明くる日、崖の上に米兵が姿を現わした。三人は抱きあって震えていた。米兵は警戒しながら穴に近づき、女、子供だけだと確認すると、「ヘーイ、ママサン、デテキナサイ」と合図をしたが、母も奈美子も空腹と恐怖で立つこともできない。米兵は二人の腕をとってそっと穴の外へだしてくれた。君子は米兵に抱かれてけろっとした顔をしている。

「アメリカに捕まれば、耳や鼻を切り取られる」と聞かされていたので、母も奈美子も恐怖のため顔は蒼白になっていた。

米兵が大勢いるところへ連れていかれた。どうせ殺されるなら、その前に水だけは飲みたいと思い、手まねで水を飲みたいというと「ハーイ、水ね」と、日本語を話せる二世が水をもってきてくれた。奈美子はむさぼるように飲んだ。君子も嬉しそうに飲んでいる。

米兵が寄ってきて、奈美子と君子にビスケットやアメをくれて、笑いかけてくる。奈美子が毒が入っているのではないかと疑って食べないでいると、米兵は笑いながら食べて見せた。

奈美子はキャンディを口に入れた。空腹と渇きと死の恐怖が、キャンディの甘さに嘘のように薄れていくのを覚えた。

海洞の母子

もう一人戦場を脱出した少女がいた。

五十嵐奈美子は農区からの脱出であったが、もう一人の少女、長谷須磨子はテニアンの繁華街、日本人町からの脱出であった。

六月一一日午後三時を少し過ぎた頃、米機動部隊を発進した艦載機二〇〇機が、テニアン飛行場および島の南端の港湾施設を爆撃した。テニアン港に隣接しているソンソン・日本人町の商店街も攻撃にさらされた。木造平家建の商店街はまたたくうちに火炎に包まれた。

ソンソンの人びとは町はずれの砂糖キビ畑に避難した。しかし、一二日も延べ三〇〇機の艦載機が襲来、前日にも増して激しい銃爆撃をくわえてきた。人びとは空襲が一過性のものでないと感じ、食料や身のまわりの物を持って、カロリナス台地の北のはずれにあるジャングルに避難した。農区の人びとにくらべ、街の人びとは一ヵ月も早く避難を開始していた。

長谷須磨子（当時一三歳）は、父、母、妹二人と五人でカロリナス岬に通じる急な坂道の上にある洞窟に隠れた。空襲は毎日行われた。須磨子の家は街はずれの教会の近くにあった。

父は家に残した食料を取りに行き、艦載機の銃弾で背中を撃ち抜かれて死んだ。

洞窟に避難してくる人が増え、危険を感じた人たちは次の洞窟を探してジャングルを移動した。

カロリナス台地を東に直進するとカロリナス岬に行き着く。その先は太平洋で、ここが陸のどんづまりである。

カロリナス岬より見たカロリナス台地の絶壁

第一農区の砂糖キビ畑を北に進むと、カロリナス台地の北端はジャングル地帯となり、そこには巨石が縦に割れた、格好の避難場所がたくさんあり、横穴、縦穴の洞窟も無数にあった。このジャングルに逃げ込んだ避難民約一万人は命びろいをした。

父を失った母子四人は、東に進む避難路をたどった。島の人びとは、どこにジャングルがあって、どこに洞窟があるのかはまったく知らない。東に進むか、北に向かうかはその人の運であった。

知っている人と一緒に逃げたいという思いは誰にもあった。しかし、昼は動けない。夜になって移動しようとすると、照明弾が射ちあげられ、あたりは真昼のように明るくなる。動けば撃たれる。恐怖のあまり足がすくんで動けない。母子は三ヵ月の間に四ヵ所洞窟を移動し、知りあいともバラバラになってしまった。

九月の初め、思いがけずジャングルを抜けると、急な斜面がつづき、その先は大海原であった。灌木に足をとられながら、斜面を五〇〇メートルほど降りきると、平坦な場所に出た。カロリナス岬である。振り向くと東側に一〇〇メートルはあろうかと思われる岩が、南北に連なっている。

この台上が日本軍最後の砦であった。八月の初めに日本軍は全滅し、いまは米軍の陣地になっている。発見されれば台上から狙い撃ちにされる。四人は、星の光を頼りに手さぐりで海側の絶壁を下へ下へと用心深く降りた。

海に突き出た岩棚に降り立つと、海に向かって大きな洞窟が黒々と口を開けていた。よく見ると大小の洞窟がいくつもあって、なかで人の影が動いている。こんな想像もつかぬ洞窟にまで、人びとは追いつめられ、身を隠しているのかという思いにかられながら、母子四人は抱きあって眠った。

朝、波のくだける音で目を覚ました。洞窟は東に向けて大きく口を開けているので、水平線から上がる真紅の太陽のまぶしい光を望むことができた。もう照明弾に震えることも、艦載機から逃げまどうこともない。しかし、飢えと渇きがあった。

隣の洞窟に隠れていたおばさんが、朝のうちは米兵が来ることはないと教えてくれた。須磨子はすぐ下の妹と貝や海藻をとってきて、生のまま食べて空腹をいやし、岩のくぼみにたまっているわずかな雨水を探しては渇きをいやした。

洞窟は奥に入ると横につながっているところもあり、四〇人近くが隠れていた。しかし、男たちのなかには食料探しに出かけて、帰って来ない人もあり、また、新しく逃げ込んで来る人もあって、人数は増えたり減ったりしていた。

夜になると、崖をよじ登って、男たちは米軍の幕舎のゴミ捨て場から、残飯を盗んできた。それしか命をつなぐ方法がなかった。

米軍の記録には次のようなことが書かれている。

海兵隊の困惑

「降伏勧告の放送を受け入れなかった人たちは、夜間うろうろしてアメリカ軍の陣地に入り込んだ。暗闇のなかでは日本兵と市民の識別はできず海兵隊員は発砲した。

朝になって射殺されたのが市民であることがわかった時、海兵隊員たちは悲しい思いにかられた。しかし、暗闇のなかに日本兵がひそんでいる情況下にあっては、確実な識別ができるまで、発砲をひかえることをいい出せるものはいなかった。暗闇は限りない危険をはらんでいたからである」

（『テニアン占領』カール・W・ホフマン少佐）

米軍は海側から艦艇を島に近づけて、マイクで降伏を呼びかけた。また、陸からも、ジープに積んだスピーカーを日本兵や市民が隠れている洞窟に向け、テニアンの戦闘は終わった、収容所には食料も水も薬もあると、収容された日本人に放送させた。呼びかける人が二世から日本人に代わると民間人の投降者は急激にふえた。しかし、日本兵の投降はなかった。

米軍は洞窟にひそんでいる日本兵に手を焼いていた。

「日本兵を掃討するのに、何ヵ月かかるかわかりゃしない」と海兵隊員がこぼすほど状況は膠着状態であった。

カロリナス岬の海洞の上には、午前中は米兵も姿を現わすことがなかったので、赤ん坊を抱いた母と隣のおばさんが岩棚にでて、海藻を採りはじめた。

一〇メートルほど先の洞窟に隠れていた兵隊も、民間人と同じように朝の食料をさがしはじめていた。米軍は岬の下の海洞に日本兵が隠れているのを察知したのか、この日に限って朝早く岬の突端に姿を見せ、崖下に向けてカービン銃を乱射した。

兵隊は素早く海洞に身を隠したが、母は背中から腰に抜ける銃弾をうけ、赤ん坊も頭から血を流し、息たえた。隣のおばさんは頭を撃ち抜かれ、即死の状態で岩棚に横たわっていた。一瞬のうちに起こった惨事であった。

父を失い、いままた目の前で母と妹を失った須磨子姉妹は、涙も声も出ないほど大きな衝撃を受け、岩の上に坐りこんでしまった。力が抜け、一日中動くこともできなかった。

その時、一〇メートルほど先の海洞にいた兵隊が来て二人を励ました。

「お母さんが亡くなっても、あんたたちは死んではだめだ。子供は生きられるだけ生きなければいけない。命は一つしかない、命は大切にしなければいけない」

兵隊は二人を抱き寄せて何回も何回も「死んではいけない」といい聞かせた。

「アメリカ兵は女や子供はけっして撃たない。白旗を持って出ていけば、かならず助けてくれる。兵隊さんが白旗をつくってくるから、今日はゆっくり休みなさい。決して気を落としてはだめだよ」

もう一人の若い兵隊が語気を荒らげて反対した。

「民間人だろうが、子供だろうが、降伏する奴は非国民だ。アメリカに何をされるかわからんぞ」

若い兵隊は殺気だっていた。

「馬鹿者！　日本軍はもう全滅したんだ！　子供には未来が残されているんだ。死ぬのは兵隊だけでたくさんだ。わけのわからんことをいう奴は撃ち殺す！」

年配の兵は拳銃をかまえた。右腕を負傷していたが、まだ下士官の威厳を保っていた。若い兵隊は下士官の一喝で口を閉ざした。

若い兵隊が去ったあと、年配の兵隊が母と妹の遺体を洞窟へ運んでくれた。須磨子は妹と二人で母と赤ん坊の遺体を窪地に安置して、その上に石を一つずつ積んだ。土がまったくないので石で埋葬するほかなかった。

夜が明けるのを待って、昨日の兵隊が流木の枝の先に白い布を結びつけた白旗を持ってきた。

「この旗を持って、ゆっくり崖を登るんだよ。けっして逃げたりしてはいけないよ。この旗を上にあげて、アメリカ兵の方へ歩いていくんだ」

兵隊は幼い二人を送り出すと、岩影に身を潜めて、二人の姿が見えなくなるまで見送っていた。

二人は絶壁を用心深く時間をかけて登った。南国の太陽は中天にあって、二人にじりじりと照りつける。

岬の上に出たが米兵の姿はない。兵隊に大丈夫だといわれたが、まだ恐怖の方が強かった。二人は白旗を岩に立てかけて、岩の裂け目に体を隠してじっと息を殺していた。

不安な時間はずいぶん長く感じられた。

二人が抱きあっていると、岩の上に米兵が立っていた。「弾ない。出てきなさい」二世らしい米兵が、ちょっとおかしな日本語で話しかけ、手まねきをした。

恐ろしさに顔をひきつらせながらも、米兵にいわれた通りに岩の裂け目からはい出した。日本人の顔つきをした米兵が「キャンディね」と、妹にキャンディを差し出した。妹が恐がって手を出さないでいると、米兵はキャンディをポイと自分の口に入れて「毒ない」と笑って見せた。

須磨子と妹はキャンディを口に入れた。頭の芯にまで伝わる甘さは、生きている証を体に伝える味であった。

二人の子供の顔から恐怖の影が消えるのを見て、二世の米兵も心から笑った。

第一一章　米海兵隊員の見た日本軍最後の突撃

最後の打電

テニアンの日本軍が玉砕する前、最後に大本営に打電したのが一九四四年（昭和一九）七月三一日である。『大本営機密日誌・下』（錦正社）には、「昨日三一日一三三〇『テニアン』トノ連絡杜絶セリ」と記録されている。

大本営は二ヵ月後、「七月三一日夕刻テニアン島から発せられし電報」と、電文要旨を発表した（朝日新聞・一〇月一日〈日〉）。『大本営機密日誌』に記録された時刻と大本営が外部に発表した時刻に六時間ほどの差がある。

テニアンの発信現場に居合わせた軍属森岡利衛の証言では、午後〇時五分に打電したという。『機密日誌』の記録はほぼ正しいと推測することができる。

最後の無電はテニアン島の南端カロリナス台地の突端にある洞窟から発信された。その洞窟はいまも確認することができる。縦穴の洞窟の入口に立つと、眼下にカロリナス岬と茫漠とひろがる太平洋を見おろすことができる。この洞窟が大家吾一海軍大佐を司令とする第五六警備隊最後の司令部であった。

直径二メートルほどの縦穴をのぞくと、深さ三メートルぐらいの穴の直下に、無線機と付属品が残っている。この無線機で最後の打電が行われたのである。穴は横にのび、東側は断崖絶壁に口を開き、垂直の屏風岩は一〇〇メートルほどの高さがある。西側はすぐ行き止まりになるが、二、三十人は入ることができる洞窟である。

七月三一日午前七時、第五六警備隊本部から「今朝六時、テニアン港ニ米軍上陸開始ス」「全員本部洞窟ニ集合セヨ」との伝令が走った。

森岡利衛が本部の洞窟の丸太の梯子を降りると、右側奥のランプの前に大家司令がいた。洞窟のなかは静かであった。米軍の動きは伝令が逐一報告してくる。一一時を過ぎた頃、「米軍戦車カロリナス台地ニ向ケ前進中」の報告があった。

「全員昼食ヲトレ」の命令で、小さな鶏飯のおにぎりが二個ずつ配られた。本部洞窟の五、六メートル先に縦七、八メートルの大きな岩の割れ目があり、そこが炊事班になっていた。食事が終わると大家司令の訓示があった。

「諸君は各自任務をまっとうし、今日までよく働いてくれたことに感謝する。これからの任務は一日も長くこのカロリナス台上を守ることにある。諸君も最後まで協力してもらいたい。これから本国に発信する」

司令の訓示が終わると電文を書いた紙が回覧され、発信用の発電機が唸りを上げた。

「昭和一九年七月三一日午後〇時五分、第五六警備隊最後ノ突撃ヲ敢行ス。祖国ノ安泰ト平和ヲ祈ル」

大本営にあてた最後の電文である。

決死隊出撃

決死隊はすでに編成を完了していた。森岡はじめ有線隊軍属六名、兵六名、計一二名、隊長は佐竹中尉である。

「われわれの使命は敵戦車を一台でも多く破壊することである。しかし、爆弾もダイナマイトもない。火炎ビンをもって敵戦車に体当りする」

どの決死隊にも爆弾もダイナマイトもなかった。ビール瓶にガソリンを詰めた火炎ビンぐらいで、敵戦車を破壊できるものではないが、何もないよりましという程度である。火焔ビンもない兵たちは、自決の道を選んだ。

森岡たちが出撃しようとした時、あわてて降りてきた兵がいた。洞窟内に向かって何かを叫んでいる。森岡は「俺たちが出撃するのに、なんでなかに入るのか」と不審に思った。その水兵が後に森岡と二人だけ生き残り、洞窟でともに暮すことになる相良智英一等水兵とは知るよしもなかった。

島の北端にある沼田砲台が米軍の艦砲射撃で壊滅した。負傷した平野兵曹をはじめ十数名の負傷兵がようやくカロリナス台地まで逃げのびてきたが、米軍戦車が接近、自決を決意した。

「相良、警備隊本部へ行って沼田少尉を呼んでこい。一緒に自決する」と平野兵曹が命じた。

相良は米軍に発見されないように、本部へ向かって走った。そして、本部の梯子を降りる時、森岡とすれちがった。

決死隊が出撃したあとに、大家司令と六、七名の将校が残っていた。

「沼田少尉を呼びにきました。皆、自決します」と早口に告げると、奥に座っていた将校が「なかに入れ」と落ち着いた声でいった。大家司令の前に数名の将校が座っている。

「いま、内地へ最後の無電を打ち、決別の杯をかわしたところだ。いまから皆一兵卒だ。お前もやれ」

司令が残り少ない酒を、相良の茶碗についだ。

平野兵曹が自決する決意だと沼田少尉に伝えると、「これから司令と米軍に突入するところだ。直ちに自決を止めさせろ」といわれ、相良は酒を一気に飲みほし、梯子をかけ登り平野兵曹のもとに走った。二〇〇メートルほど走ったところで相良は愕然として立ちすくんだ。平野兵曹と十数名の負傷兵は全員自決していた。手榴弾を持っていない沼田砲台員は、拳銃と小銃を使用して自決していた。

刑部《おさかべ》一等水兵だけが、まだ死にきれず呻いていた。靴をぬいで、小銃の引金を足の指で引いたが、銃口がやや右にそれ、喉から入った銃弾は右目と耳の間を貫通していた。血がガボッ、ガボッと不気味な音をたてて吹き出している。最早、手のほどこしようもない。

相良は、防風林にそって走った。警備隊員の死体が道にそって累々とつづいている。司令は先頭で戦死しているにちがいない。

その時、米軍の戦車が第一農場方面から、坂道を上がってくるのが見えた。戦車の背後に海兵隊がつづいている。相良は銃をかまえて引金を引いた。弾はたった五発しかない。米軍戦車は相良めがけて機関銃を乱射してきた。

戦車が肉迫してくる。相良は夢中で砂糖キビ畑に飛び込み、匍匐前進で逃げた。砂糖キビは銃弾で上部をそぎ取られ、四〇センチほど茎が残っているだけだ。そのなかを必死で逃げた。

太陽がテニアン港の向こうの水平線に沈みはじめた頃、相良は五六警備隊司令部の洞窟にたどりついた。ドラム缶の水を飲んで落ちつくと、頭頂部から出血しているのにはじめて気づいた。

一方、森岡軍属は梯子を登る時、降りてくる相良とすれ違い、洞窟の外へでると佐竹中尉を先頭に南に向かって前進した。ジャングル地帯を三〇〇メートルほど進み、ナパーム弾で焼かれた砂糖キビ畑に出た。

前方に敵の戦車がいる。佐竹中尉は軍刀を抜き、匍匐前進で戦車の後方に進んだ。森岡たち決死隊も隊長の後に従って進んだ。

火炎ビンで攻撃しようと身がまえた時、戦車が、第一農場の斜面を砂煙を立てて前進してきた。四台の戦車のキャタピラの音が間近に迫ってくる。

敵戦車は佐竹隊一二名を発見、機関銃の一斉射撃を浴びせてきた。四台の戦車からの集中砲火は猛烈を極め、隊長はじめ一〇名が敵弾に倒れた。あっという間の出来事であった。

死体と死体の間からあたりをうかがうと、斉藤と目があった。斉藤と森岡二人だけが生き残ったようだ。二人では敵戦車を破壊できるはずがない。脱出の合図をかわし、火炎ビンをそこに置いて、防風林にそって一気に駆け抜けようとした。敵戦車は脱走する二人に集中砲火を浴びせてきた。

防風林の枝が銃弾で飛び散り足にからみつき、倒れた。銃弾がピシッ、ピシッと鋭い音をたてて体をかすめていく。起き上がって走る。すぐ後を走ってきた斉藤が丸太を押し倒したようにどうと倒れた。立ち止まれば体は蜂の巣である。

焼きつくされた砂糖キビ畑を走ってジャングルに逃げ込んだ。密生しているトゲのある雑草をかきわけ遮二無二走った。肌に突きささるトゲの痛さが、生きている奇跡を実感させた。生き残ったのは森岡利衛、一八歳の軍属だけであった。

第五六警備隊全滅

森岡が第五六警備隊本部の洞窟にたどり着くと、岩陰に本部付の海軍士官がいた。階級章は取り除いてあるが、立派な八の字の髭が士官であることを証明している。

「戦車破壊隊、総員戦死しました」

森岡は直立不動の姿勢で報告した。「ご苦労」士官が少年をねぎらういとまもなく、敵戦車の砲撃がはじまった。森岡は岩を楯に拳銃で応戦した。その時、すぐそばの岩陰にいた兵隊が、「拳銃で戦えるか！」と小銃を手渡してくれた。

敵の攻撃はますます激しくなった。左隣で応戦していた兵隊が腰を撃ち抜かれた。倒れた兵隊が前方の岩陰まではっていき、手榴弾で自爆しようとした時、敵戦車の砲弾が岩に命中、炸裂した。岩陰にいた三名の兵隊は、岩が砕け散るのと同時に、首も手も足もばらばらになって飛び散った。無残な光景に森岡は息をのみ、茫然自失、銃を撃つこともできなかった。

いつしか銃声は消え、ジャングルは静寂につつまれた。戦闘は終わった。

第五六警備隊は全滅した。われにかえって、前方を見ると岩陰に八の字髭の士官の顔が見えた。近づくと腰と足に銃弾をうけ、出血がひどい。

「俺は動くことができない。拳銃の弾をやるから、生きられるところまで生き抜け。命をけっして粗末にするな」

士官は、拳銃の弾倉をはずして森岡に渡した。森岡が弾がなくては困るのではないかというと、「一発だけ弾はこめてある」とかすかに笑った。

夕闇が刻々とせまってきた。累々たる死体が星の薄明かりのなかに横たわり、戦場の無残さと不気味さをいっそう強烈に浮き彫りにし、ジャングルを鬼気せまる地獄に変貌させていた。

ジャングルは闇に包まれた。たった一人とり残された少年森岡は、さまよい歩いているうちに、本部の梯子ですれ違った相良一等水兵と出会い、二人の苦難にみちた逃避行がはじまる（相良智英・森岡利衛の手記による）。

大家吾一大佐が指揮をとる第五六警備隊は、兵器、銃弾も欠乏した状況のなかで、悪戦苦闘の末、全滅した。七月三一日午後のことである。

米軍のカロリナス台地攻略の本格的作戦は八月一日早朝から開始されるのだが、カロリナス攻撃作戦開始前に、正面整備の命令を受けた米第二三海兵連隊第一、第二、第三大隊が、第五六警備隊と戦火をまじえたのである。

三一日朝、歩兵第五〇連隊の一部は、第三飛行場の南側とテニアン町の南側で、米軍を迎え撃ち激戦を展開した。三〇日午後二時二〇分、米第四海兵師団が占領したテニアン町奪還のための攻撃である。日米両軍は灰燼と化したテニアン町を背景に戦火をまじえていた。

米軍は海上から水陸両用戦車で掩護射撃を行い、陸上部隊の前進を支援した。激しい攻防戦は夕刻までつづけられたが、守備隊は多くの死傷者を出し、カロリナス台地に後退した。

この日の戦闘には南興付属専習学校の在校生および卒業生が敵弾のなかをかいくぐって勇敢に働き、ほとんどが戦死した。指揮をとっていた若松武司は、腰に敵弾を受け手榴弾で自爆した。

日米両軍が接近戦を展開している後方の防衛陣地、カロリナス台地周辺では、米戦艦二隻、巡洋艦三隻が終日艦砲射撃を行った。また、サイパンを飛び立った爆撃機が、カロリナス地区を徹底的に爆撃した。

緒方連隊長は、テニアンの戦局の大勢は決したと判断し、三一日夜、大本営にあてて、最後の報告を次のように打電した。

「守備隊ハ陸海軍協同一致奮戦敢闘セシモ将兵相次テ殪レ最後ノ処置ヲ終了シ、最高指揮官ヲ先頭ニ近ク最後の突撃ヲ敢行セントス　部下将兵ノ勇戦ニモ拘ラズ　小官ノ指揮拙劣ナリシ為『テニア

ン』守備ノ任務ヲ果シ得ズ　光輝アル軍旗ト歴史アル陛下ノ聯隊ト共ニ玉砕セントス」（戦史室）

この決別の電文は三一日夜打電、と戦史室は書いている。『大本営機密日誌』の「三一日一三三〇『テニアン』トノ連絡途絶セリ」との食いちがいは一つの謎として残る。謎は謎として、打電以後の八月一日、八月二日から三日明け方までの最後の戦闘はどのように行われたのか、戦史室の記録はあまり詳しくない。証言する生還者がいないためであろう。

米海兵隊が見た日本軍の最期

『テニアン占領』（米国海兵隊司令部・歴史調査部・カール・W・ホフマン少佐）（資料提供・山極晃／平野欣也訳）には海兵隊から見た戦闘状況が詳しく書かれている。

八月一日午前八時、第四海兵師団はシュミット大将の命令で日本軍最後の砦カロリナス台地への攻撃を開始した。各海兵隊が行動を開始する前に第二三海兵連隊と第二四海兵連隊は、テニアン町の東方平地に砲列をしき、カロリナス台地側面六五〇メートル前方の洞窟や岩の割れ目にたてこもる日本軍に対し、五分間にわたり攻撃を行った。

さらに午前八時五分、前方九八〇メートルを二分間隔で砲撃、八時一三分、一三〇〇メートルの地点を三分間隔で砲撃した。砲撃の後、海兵隊は戦車を先頭に前進した。カロリナス岬とカロリナス台地に向かう坂道はほこりっぽく、ゴツゴツした隆起珊瑚の石灰岩が前進を遅滞させた。日本軍の組織的抵抗はほとんどやんだが、日本兵の小さな集団が抵抗するのを制圧するのに手間どった。砲兵隊は入り組んだ谷地や洞窟を破壊することはできなかった。

日本軍は洞窟、岩の裂け目、波状地のどんな遮蔽物からも頑強に抵抗し、戦いつづけたが、兵は分散し、孤立した状態で戦闘力は極度に制限されていた。午前一〇時四五分、日本軍の抵抗はほとんど終息した。工兵隊は直進するカロリナス岬への道と、左折してカロリナス台地への道路に設置された地雷を除去した。

カロリナス岬占領の命令をうけた第二四海兵連隊は、何度か断崖に行く手を阻まれ、攻撃隊形を変更して前進した。途中で道はなくなりジャングルが前進を遅らせた。

ジャングルを抜けると、カロリナス岬と太平洋の大海原を一望できる高台に出た。岬に到達するには、灌木が密生している三つの段差を下らなければならない。岩の裂け目には日本兵が潜んでいる。

連隊長ハート大佐は、各所に潜む日本兵の掃討を命じた。大隊の移動経路に点在する洞窟に隠れている日本兵は、海兵隊に手榴弾を投げ、発砲した。しかし、大した効果はなく、海兵隊に損害はなかった。

第二三海兵連隊は、八月一日午前八時、他の部隊と同時に攻撃を開始する予定であった。しかし、カロリナス攻撃前にその正面を整備する命令をうけ、第一大隊、第二大隊、第三大隊は前日に先発した。

第五六警備隊が交戦したのは、米第二三海兵連隊と推測できる。相良・森岡両人の手記には日没までに決死隊は全滅したと書かれている。しかし、海兵隊の記録を見ると、夜になっても戦闘はつづけられ、第二大隊は暗闇のなかで抵抗する孤立した日本軍を撃破し、カロリナス岬の崖の上を基地にして、その場に残ったと記録している。

夜が明けると工兵隊が地雷を除去し、戦車、装甲車、軍用トラック、攻撃隊員が前進した。第二大隊のライフル一個中隊がその場に残り、待ち伏せしている日本軍を攻撃するために攻撃隊の進路にあたる道路に残り、日本兵と戦った。

第二海兵大隊が地雷撤去の作業をしている時、第一海兵大隊が予期しなかった敵襲をうけた。約五〇名の日本兵の一団が接近、機関銃と小銃の一斉射撃を開始した。第一大隊は急遽体勢をととのえ、機関銃で二方面から射撃を集中し、日本兵を制圧沈黙させた。

戦闘が一段落して、掃討作戦に入った。海兵隊員が倒れている日本兵に近づいて銃剣で突き刺そうとした時、日本兵は米兵が驚くひまも与えぬ素早さで体を反転、米兵のカービン銃を奪い、銃口を向け引金を引いた。しかし、安全弁がかけてあったので海兵隊員は命びろいした。

日本兵はカービン銃をかかえ、砂糖キビの焼け残った切り株を蹴散らして、脱兎のごとく逃げた。われにかえった海兵隊員は、必死になって追跡、日本兵に飛びつき、カービン銃を奪い返し、安全弁をはずして日本兵を射殺した。

第四戦車大隊の中型戦車は、島の南端カロリナス岬を目ざして灌木をかきわけ前進した。岬の手前がジャングルで、直進すればカロリナス岬に達し、左寄りに進めばカロリナス台地にいたる。戦車隊は左寄りを前進、断崖絶壁に前進をはばまれた。

眼下にはカロリナス岬の全貌を捉えることができる。岬の先には太平洋が視界いっぱいに弧を描いている。南西九キロの洋上に浮かぶアギグァン島が、ぼんやり霞んで見える。足元の断崖は垂直一〇〇メートルはある。

斥候がカロリナス岬へ進む方向を探した。戦車隊につづく海兵隊はいったん引き返し、南寄りのジャングルを直進した。戦車の行手をはばんだ絶壁を左に見て前進する。各所に点在する洞窟から日本兵が攻撃してくる。米軍は執拗に攻撃してくる日本軍を沈黙させるのに二時間以上かかって、やっと壊滅することができた。

道に迷いながらも、先導する戦車がジャングルや灌木を踏み倒して道を切りひらき、海兵隊の進撃を助けた。第一海兵大隊と第三海兵大隊は、午後五時一五分、カロリナス岬へ通じる急斜面を下り、狭いが平坦な島の最南端のカロリナス岬に到達した。

第二三海兵連隊は、作戦会議で決定した最後の地点を占領したのである。カロリナス岬からカロリナス台地を見上げると、断崖絶壁が垂直に切立ち南北に横断している。

断崖はカロリナス台地から直接岬に降りることを不可能にしている。黒々と岩肌をむき出しにしている断崖には無数の洞窟があり、複雑に入り組んだ窪み棚は蜂の巣状にひろがっている。

ここに潜む日本兵をすべて掃討するには、一日どころか一週間かけても終了しないことは明白であった。

最後の突撃

米上陸軍はテニアン島の組織化された日本軍守備隊のすべてを制圧したとして、一九四四年八月一日午後六時五五分、「テニアンの占領」を宣言した。

しかし、海岸沿いの天然の洞窟にはなお数百名の日本兵がたてこもり、占領宣言後もなお抵抗をつづけている。

公式に占領宣言が発表された後に、海兵隊員が殺傷された場合どうするのかが議論された。

日本兵は夜陰に乗じて隠れ家からはい出し、襲撃隊を組織し、米軍陣地に夜襲を仕掛けてくるだろうと海兵隊は予測していた。日本兵は自分が倒れる前に一人でも多くアメリカ兵を殺すという、固い決意をもっていると海兵隊員は体験的に知っていた。たしかに組織的戦闘は終結した。しかし、ゲリラ的襲撃は終わってはいないと、海兵隊員は覚悟していた。

八月二日午前三時三〇分、住吉神社北側に設置した第六海兵連隊第三大隊の司令部の先にある突出陣地に、日本軍将校一名が日本刀を振りかざして斬り込んできた。前線診療所に寝ていた兵士と不寝番の兵士が、カービン銃で侵入者を射殺した。

四五分後、約二五〇名の日本兵が司令部を襲撃した。第三大隊は日本兵の襲撃を予期して、警備の兵員を倍増して敵襲に備えていた。

海兵隊はカービン銃、ピストル、二丁のライフル銃で応戦した。夜襲をかけてきた日本軍は非常に良く組織された集団であった。

日本軍が襲撃してきた時、突出陣地要員が急遽応戦した。その後、本部の書記、通信兵、衛生兵、工兵将校、砲兵、そして参謀一名も加わり、指揮官イーズレイ中佐のもとに応戦した。

小銃、機関銃で武装した日本兵は、海兵隊員に体当たりの攻撃を仕掛けてきた。一人が倒されると次の兵隊がまた体当たりをしてくる。必死の攻撃法であった。司令部中隊長ジョーンズ・R・スティンスラは、近くの第六海兵連隊F中隊へ駆け込み、中型戦車、ライフル銃隊一個小隊の出動を要請、応援隊を先導した。

突出陣地において守備要員と本部要員は二時間以上日本軍と戦った。その時、応援隊が到着、戦車砲が火をふいた。ライフル隊は、戦車と呼応して戦い、激戦を展開した。

戦車の来援は日本軍に決定的な打撃を与えた。激烈な戦闘が終わった時、丘に立ちのぼる硝煙のなかに朝日が顔を出した。第三大隊指揮所内および周辺には、戦死した日本兵の死体が折り重なるように横たわっていた。その数は一一九体を数えた。

しかし、海兵隊もまた、多くの死傷者を出した。

八月二日に敵襲を受けたのは、第六海兵連隊第三大隊ばかりではなかった。第三大隊が日本軍の襲撃をうけるのと前後して、第二大隊戦闘指揮所も日本軍の襲撃をうけた。

早朝、日本軍襲撃部隊が第二大隊戦闘指揮所の背後から攻撃してきた。日本軍は照明弾を射ちあげて周囲を照らし、小銃と機関銃を乱射し、指揮所への侵入を数回こころみ、一度だけ成功した。

その時、日本軍の機関銃が指揮所に向かって火をふいた。指揮所の周辺で野営していた三台の海兵隊戦車が、日本軍に対して砲火を浴びせた。日本軍は三〇名の戦死者を残して撤退した。

日本軍が襲撃したのは第三大隊、第二大隊だけでなかった。同じ時刻、第八海兵連隊第三大隊も小さな部隊に襲撃された。海兵隊の記録には、「日本軍は小さな部隊であったが、旺盛な攻撃精神に燃え、喊声をあげて突撃してきた」と記している。応戦した海兵隊員は、一四名の死傷者を出した。

日本軍の最期が迫ってきた。八月三日早朝、最後の突撃が行われた。この日時は日本側の記録と米海兵隊の記録が一致している。しかし、攻撃隊の人数には大きな違いがある。

防衛庁戦史室の記録には「八月二日夜緒方聯隊長は、カロリナス南東側谷地に手兵三〇〇をまとめ……略……残存部隊、義勇隊約一〇〇〇名は八月二日二四時を期し、緒方隊長の指揮をもって守備隊最後の突撃を実施した」と記録されている。

注には「中島資料『テニアン生存者回想記述』　南洋興発技師中島文彦氏が『テニアン戦記』記述のため収集した生存者の戦後の回想録その他」とある。

米国海兵隊の「テニアン占領」には次のように記録されている。

「八月二日の夜から三日の朝にかけて、第六海兵連隊は約一五〇名の陸海軍の混成部隊に襲撃された。敵の攻撃は綿密な計画性に欠け、組織的行動は杜撰なものであった。

ただ一つの取柄は旺盛な攻撃精神にあった。しかし、個人の勇敢さは組織的で有効な戦闘力に代わるべくもなかった。

第六海兵連隊の指揮下にあった第三大隊および第八海兵連隊第三大隊は、緊密な連携作戦を展開、特別な困難もなく、襲撃部隊の突入を阻止し、撃退した。海兵隊陣地の前方に一二四体の日本兵の死体が横たわっていた。

日本兵は降伏より戦死を選ぶ信念をもっていた。その信念は戦いで倒れた戦友たちと名誉ある死を分かちあったことは疑う余地がない」

〈注〉五人の日本兵捕虜の兵長の証言によると、陣地前方の死体群のなかに緒方守備隊長の死体があり、機関銃の犠牲になった緒方の死体が、有刺鉄線の上に覆いかぶさっているのを見たと述べている。

「第六海兵連隊はテニアン島占領宣言後、数夜のうち二晩、日本軍のバンザイ突撃をうけた。日本軍は壊滅寸前の状態に追い込まれ、最後の攻撃が海兵隊に向けられた。日本軍の最期を象徴する悲壮な突撃であった。

この二晩のバンザイ突撃以外に小さな単発的攻撃があった。一人または二人、ある時は小集団で、日本兵が海兵隊陣地を襲った。この襲撃は死ぬことを決意した行動であった。

日本兵は絶叫し突入しようと、手榴弾を投げつけた。しかし、優勢なアメリカ軍の火力の集中射撃を受け、射殺された。

突入してくる少数の日本兵を迎撃して射殺することは、日本兵の隠れ家を探索して、掃討するよりたやすいことであった。

日本兵もこのことに気づいた。多くの日本兵は洞窟深く身を隠し、海兵隊員が近づいてくるのをじっと待っていた。日本兵は自分が倒れる前に、一人でも米兵を殺そうとしていた」

米国海兵隊カール・W・ホフマン少佐の『テニアン占領』を読むと、テニアン島の守備隊が圧倒的優勢な米軍戦車群団や海兵隊と戦い、どのようにして戦死していったかが、だんだん見えてくる。米軍の戦死者は三八九名、約〇・九パーセントと少なく、ゆとりのある戦闘を展開、九日目に占領宣言を発表するほど、順調に作戦がすすめられた。

そのゆとりある気持が背景にあったためか、敵である日本軍に対して憎しみをもって書かれている点がない。むしろ勝ち目のない戦争をよくもここまでやったという、驚きが伝わってくるような書きぶりである。

「テニアン掃討作戦」の章に記録されている短い一言に注目した。

「日本兵は哀れな敗者であったが、また立派な戦士であった」

天皇と大本営に見すてられても、父母、妻子、兄弟、姉妹のために命を捨てた約八〇〇〇名の将兵、義勇隊も含めた在留邦人三五〇〇名に捧げたいことばである。

戦闘終了後、ラソー山の西側に米軍墓地がつくられた。その隣には歩兵五〇連隊第一大隊・松田和夫大隊長の指揮下にあった将兵の戦死者の墓がつくられた。戦後テニアン島で果樹園を経営していた平野欣也社長の証言によると、果樹園の表土を取り除いたところに日本兵を焼骨した跡が見つかっている。米軍は戦闘終結をマイクで宣言し、一人でも多くの人命を救うために、陸と海から洞窟に潜む民間人や兵に投降を呼びかけた。

しかし、占領軍の善意が、巨大な化物のような戦場を動かす力は皆無にひとしかった。

一九四四年八月三日、テニアン戦は終結した。

時を同じくして、米国における原子爆弾の研究は着々と進められ、原爆製造施設の工事に着手されていた。テニアンが占領されて四ヵ月後、日本がつくった第一飛行場と第四飛行場を合併したノースフィールド飛行場が完成し、一九四五年二月初旬、原爆機の発進基地に決定された。

第一二章　日本本土空襲

米軍の「飛び石作戦」は、日本軍が建設した航空基地を占領して制空権を確保するための作戦であった。陸軍または海兵隊が飛行場を占領するのは手段であり、目的は空軍の空域支配を達成するためであった。

日本軍は真珠湾の航空機による奇襲攻撃に成功しながら、航空を主兵力にすることをせず、主兵力を歩兵または大艦に固執し、その方針を最後まで変えようとしなかった。そのために建設した飛行場をつぎつぎに奪われ、まるで米軍のために飛行場を建設しているようなものであった。

ガダルカナルでも、まるで飛行場をつくり終えるのを待っていたかのように、米軍が上陸した。マキン・タラワも戦闘機が発進していた飛行場を狙って、米軍は日本の守備隊の数十倍の兵力を上陸させた。日本軍の守備隊は全滅し、米軍は飛行場を確保した。

マキン・タラワを手に入れた米軍は、ミレ、ヤルート、マロラップ、ウオッジェ等、制空権圏内の一二の島を飛び越して、マーシャル諸島のクェゼリン、ルオットに上陸を強行し、日本の守備隊二九二〇名を全滅させて、建設中の飛行場を確保した。

クェゼリン、ルオットの飛行場を占領した米軍は、制空権下のトラック、パラオ、ポナペ、エンタービー等十数の島を飛び越して、一挙にサイパンに上陸した。米軍の飛び石作戦で八島の一一万六〇〇〇名が玉砕した。米軍の制空権下に放置された一七島の一六万名のうち四万名の将兵が飢えと栄養失調と熱帯病で戦病死した。

サイパン、テニアン、グアムの占領は、飛び石作戦の完結であった。制空権確保の作戦は終了し、日本本土空襲の航空基地の整備と航空機の充実に力点がおかれた。

「超空の要塞」B29は、翼の長さ四三・〇七メートル、全長三〇メートル、爆弾搭載量一八〇〇キロ、最高時速五八五キロ、上昇限度九七〇〇メートル、航続距離九三五〇キロ、巨大な長距離爆撃機である。グアム、サイパン、テニアンに配備されたB29約七〇〇機が翼をそろえ、最も多いときは、一〇〇〇機が三つの基地に配備された。

もう一つ特記すべきは、一九四一年一〇月二七日にテニアン飛行場竣工祝賀会が行われた第一飛行場は、二年一〇ヵ月後には米第二〇空軍・第三一三航空団の基地ノースフィールド飛行場（北飛行場）と名称を変え、日本本土空襲の拠点となったことである。長期戦略構想に欠けていた海軍省は、米軍のために飛行場をつくったような結果を招き、日本本土空襲による被害三〇万人、原爆による被害三〇万人を出してしまったのである。

テニアン、サイパン、グアムの三島の航空団は、グアム島の空軍司令部の指揮下にあり、マリアナ基地B29部隊として日本本土空襲を行った。東京、名古屋、大阪などの大都市をはじめ中小都市を焼夷弾と爆弾によって灰燼に帰した。

マリアナ基地のB29部隊はグアム北飛行場・第三一四航空団、北西飛行場・第三一五航空団、サイパン・第七三航空団、テニアン北飛行場・第三一三航空団、西飛行場・第五八航空団に分かれていた。

一九四四年一一月二四日、東京郊外の中島飛行機武蔵工場の爆撃からはじまり、四五年八月一五日の敗戦の日まで、マリアナ基地の五つの航空団所属のB29は、延べ三万四七九〇機が三五三回にわたり日本本土の爆撃を行った。投下された焼夷弾、爆弾は約一六万トンである。

テニアンの北飛行場と西飛行場のB29の搭乗員には、自分たちは、爆弾倉一杯に爆弾を詰め込んで二五〇〇キロを飛び、命がけで日本本土を爆撃しているのに、同じテニアンに駐留している第五〇九航空団は特別にのんびり生活している謎の集団に見えた。原爆部隊であることを徹底して秘密にしたため、一般兵士の第五〇九航空団に対する疑惑は憎しみにまで高まっていた。

第五〇九航空団の宿営地は島の北西、ハゴイ池のすぐ南側の一画にあり、その周囲は有刺鉄線で囲われ、外部と接触できないようにしてあった。隊員たちは、自分たちが特殊任務につくことは、その待遇でわかっていたが、原爆を投下するための部隊であることを知る者はいなかった。知っているのはティベッツ大佐をはじめ幹部将校と科学者のみである。

秘密が完全に守られていたのは、テニアンだけでない。マンハッタン計画関連部門の人員は、五三万九〇〇〇人いたが、自分たちが何をつくっているのかは、まったく知らされていなかった。

一九四四年一一月中旬頃、日本のそこここで、「マッチ箱一個ぐらいの特殊爆弾で、戦艦ぐらい吹っ飛ばす凄いのができた」という噂がささやかれたことがあったという。一九四一年、海軍の依頼を受け仁科研究室で原爆の研究をはじめていたのである。

日本でも理論的には原子爆弾をつくることが可能であった。しかし、日本では莫大な費用と原料のウラニウム、そして巨大なウラニウム分離施設と膨大な電力を手に入れることができない。日本の原爆研究に携わる科学者は、現実に原爆を製造することを諦めていた。したがって秘密にしておく必要がなく、特殊爆弾は町の話題になっていたのである。

この頃、アメリカでは原爆製造工場がニューメキシコ州の砂漠の真ん中、ロス・アラモスに建てられ、急ピッチで作業がすすめられていた。「原子力研究所」と名づけられ、オッペンハイマー博士が所長に任命された。

原爆製造部隊「死の兵団」の指揮官グローブス少将は、陸軍情報部のなかに原爆情報を収集する科学スパイ団をつくり、それをアルソス機関と名づけた。グローブスは、日本の原爆に関してはまったく問題にする必要はないと判断していた。

ナチス・ドイツの原爆についてはドイツからの亡命科学者たちが製造の可能性は高いと判断していた。ヒトラーが製造を決断すれば、危険は大きい。その恐怖がアメリカの原爆製造を急がせた。五三万九〇〇〇人を動員して、二〇億ドルの巨費を投入し、原爆の製造に全精力を集中していた。

ドイツの戦局は悪化し、ヒトラーは将来の新兵器よりすぐに役立つ新兵器、ジェット戦闘機、リモコン爆弾、ロケット機、ロケット弾、ホーミング魚雷等の開発に力を入れていた。ヒトラーが原爆の製造を最優先しなかったことが、アメリカにとって幸いであったといえる。

「テニアン占領宣言」が発表された一九四四年八月一日、原爆製造はどこまで進んでいたのだろうか。

『マンハッタン計画』によると、重水原子炉は米・英・カナダの共同作業で完成していた。ウラニウム235を分離する工場ではプルトニウムの生産がはじめられていた。この頃、秘密諜報機関アルソスは、ドイツの敗北を予測すると同時に、ドイツが今大戦中には原子爆弾を製造できないことを確信した。八月の時点でアメリカの原爆の標的であったドイツは、攻撃目標から消えた。

科学者の間では、ナチス・ドイツが標的から消えた以上、原爆の製造は中止すべきだという声が上がった。科学者は中止派と継続派に分かれたが、原爆製造の総指揮官グローブス少将は、原爆が一日も早く完成することを熱望していた。

原爆製造中止派と継続派の科学者が議論を交わしはじめた一九四四年九月一八日、ルーズベルト大統領とチャーチル首相は「米英原子力協定」に調印した。そして、「原爆が完成すれば慎重に考慮したうえで、これを日本に使用するものとする」と決定した。

第五〇九航空団

マンハッタン計画の総指揮官グローブス少将はポール・W・ティベッツ空軍大佐を指揮官とする原爆空軍部隊・第五〇九航空団を新たに編成し、地上勤務者も含めて一七五〇名の将兵をユタ州北端の砂漠の真ん中のウェンドバーに集結させ、「銀の皿作戦」という暗号名をつけた原爆投下訓練を行っていた。

この秘密原爆訓練所から南へ九〇〇キロ離れたニューメキシコ州ロス・アラモス原爆製造工場で働く何万人もの人びとは、自分たちが何をつくっているのか、まったく知らされずに働いていた。第五〇九航空団の将兵も、ティベッツ大佐のほかは、自分たちがなんのために猛訓練をしているのか、まったく知らなかった。

九〇〇〇メートルの高々度から、目視爆撃で誤差二〇〇メートルの円内に着弾させる訓練が徹底的に行われた。また時速二〇〇マイルで飛行し、投弾後急降下して一五五度急旋回し、三〇秒以内に新しいコースを飛ぶ訓練が繰り返された。原爆機B29はこうした特殊飛行ができるように改造されていた。搭乗員は極秘の特殊訓練であることは察していたが、原爆について思い及ぶものではなかった。

搭乗員たちには、長さ三メートル、直径〇・七メートル、重さ四トンもある鉄の塊の模擬爆弾を九〇〇〇メートルの高度から目視で二〇〇メートル以内になぜ投下しなければならないのか、なぜたった一発なのか、納得できないものがあった。

そんな疑問と関係なく、猛訓練はつづけられ、特別に選ばれたベテランの搭乗員の訓練目標は、ほとんど合格点に達しようとしていた。

サイパン、テニアン、グアムを占領した米軍は、飛行場の整備に勢力を集中、マリアナ基地の完成を急いだ。

一九四四年一〇月二八日、サイパン島のアスリート飛行場を飛び立った第七三航空団のB29一八機が、トラック諸島夏島（デュブロン島）を訓練爆撃した。マリアナ基地B29部隊・作戦任務一号である。次いで一〇月三〇日、一一月二日、トラック諸島を爆撃した。

訓練爆撃はさらに硫黄島へ二回、トラック諸島へ一回と作戦任務第六号までつづけられ、六回で訓練爆撃は終了した。

一一月二四日、サイパンを飛び立ったB29一一一機が一二時一二分、中島飛行機武蔵工場（第一目標）と東京市街地、港湾地域を爆撃した。この空襲がマリアナ基地からの日本本土空襲の第一号である。

この年のマリアナ基地B29部隊の本土空襲は、東京四、硫黄島二、名古屋三、計九回、延べ六三三機に達した。

明くる一九四五年一月のB29の出撃は、一〇回。サイパンから六回出撃、名古屋、東京、川崎の軍需工場地帯を爆撃した。うち四回はテニアンからの出撃である。

テニアンの北飛行場からB29四四機が飛び立ち、パガン島を爆撃したのが一月一六日である。これがテニアン北飛行場を使用した初の爆撃である。後の三回はトラック諸島、モエン島（春島）と硫黄島で、訓練爆撃を行ったと「作戦任務概要」に記録されている。

二月、マリアナ基地からのB29の出撃は一八回。内訳はテニアンから一一回、サイパンから六回、グアムから一回である。テニアンからの単独出撃は五回で、神戸、群馬、東京を爆撃した。

原爆基地の決定

一九四四年二月下旬、海軍作戦部長アーネスト・キング大将と太平洋艦隊司令長官ニミッツ大将の命

テニアン港と北飛行場を結ぶブロードウェイ

をうけたフレデリック・L・アシューワース海軍中佐がテニアン島の北飛行場を原爆基地として選んだ。グアムより日本に近く、島が小さくて、北飛行場には四本の大滑走路があり、秘密保持に都合がよいという判断からであった。

テニアン島はニューヨークのマンハッタン島によく似ていた。テニアン港から北飛行場を一直線に結ぶ幹線道路はブロードウェーと呼ばれ、いまもそう呼ばれている。このよく舗装された道路は、原爆搬送用の道路として米軍が占領後につくったものである。テニアン港に陸揚げされた原爆の本体を、北飛行場まで安全に運搬する重要な道路であった。

原爆の組立工場は、A滑走路のエプロンからさらに北に八〇〇メートルほど入ったところにあった。

想像と論理の世界にあった「悪魔の兵器・原

子爆弾」が、想像の世界の枠を乗りこえて、現実の世界に出現しようとしていた。そしてテニアンが原爆基地に決定されたことは、テニアン駐留の米軍将兵の誰も知らなかった。

チューロ収容所に収容されて、日本へ向かうB29の発進機数を毎日かかさず数えていた佐藤照男、五十嵐奈美子、長谷須磨子たち、少年・少女も知ろうはずがない。収容所の日本人たちは帰還する機数も数えて、何機撃墜されたかを密かに確認していた。

無差別爆撃

テニアン島が悪魔の基地に決定したのとは関係なく、マリアナ基地B29部隊の戦術が二月下旬に大きく変更された。

一一月二四日から開始された空襲は、軍需工場を目標とし、高度一万メートルからの精密爆撃であった。それは爆弾を主としていて、焼夷弾の使用はわずかであった。二二回、延べ二一四八機が五〇〇〇トン投弾したが、軍需工場を壊滅しえなかった。グアムの第二一空軍司令部では、「軍需工場の精密爆撃」か「都市の無差別爆撃」かが論議され、二一空軍司令官ハンセル准将にかわって、一月二〇日、第二〇空軍司令官カーチス・ルメイ少将がグアム島に赴任した。

ルメイは太平洋艦隊司令長官ニミッツ大将からの「三月六日から二一日にわたり、日本の産業都市を徹底的に爆撃せよ」との強い要請をうけ、「作戦任務第四〇号」コード名「ミーテングハウス№２」の作戦命令をグアム、サイパン、テニアンの航空団にくだした。各航空団のB29三二五機は、三月九日日没前、各航空基地を飛びたち、目標である東京下町に向かった。ルメイが決断した新しい戦術は、「都市の無差別爆撃」であった。

ルメイの命令を要約すると、

一、東京の下町（現在の江東区、墨田区）を中心に夜間、焼夷弾攻撃を主力とする。

二、一五〇〇―二五〇〇メートルの低空爆撃を行う。

三、防備および弾薬はもたず、搭乗員を減少する。

四、各機は編隊を組まず個々に攻撃を行う。

爆弾搭載量を増加させ、燃料の節約をねらい、民家の密集した下町に絨毯爆撃を行い、市民を皆殺しにする冷酷な作戦であった。これが四都市（東京、名古屋、大阪、神戸）に夜間低空焼夷弾攻撃を行う最初であった。

三月一〇日午前零時八分、第一弾を深川区木場二丁目に投下した。

空襲警報はその五分後に発令された。

B29は下町を囲むようにつぎつぎと高性能ナパームM69を主とする焼夷弾を投下、折からの強風にあおられて下町地区は火の海、火炎地獄と化した。二時三七分、空襲警報解除までの二時間二一分の短い時間に、一七八三トンの各種焼夷弾が投下され、東京の下町二五・三平方キロメートルが焼きつくされ、翌朝、血の色を思わせる太陽が灰燼と化した下町を映し出すと、焼跡に、川のなかに、橋の上に、市民の死体が累々と横たわり重なりあい、目をおおうばかりであった。

二時間二二分の無差別爆撃によって、非戦闘員である一〇万人の市民の命が奪い去られた。

三月一〇日の東京大空襲で戦果を確認したルメイは、夜間超低空無差別爆撃を他の大都市にも行った。一一日には名古屋へ三一〇機、一二―一四日において大阪に二九五機、神戸に三三一機、二四日にはまた名古屋へ二四九機と、連続して大都市に焼夷弾による無差別爆撃が続行された（作戦任務四一―四五号）。

B29の発進は五回とも、サイパン、テニアン、グアムの基地からで、特にテニアンの第三一三航空団は、ヨーロッパの戦場も含めて一番忙しいB29基地といわれるほど、発進機数の多い基地であった。

原爆投下準備完了

一九四五年五月一日、オッペンハイマー博士は原爆の起爆装置が完成したことを確認した。原爆の材料であるウラニウム235とプルトニウムの生産も順調にすすんでいた。

五月七日、爆破実験のリハーサルがアラモゴルドで行われた。グローブス少将とオッペンハイマー博士は、七メートルの塔の上で、高性能火薬一〇〇トンの爆破の威力を目にして、原爆の凄さを想像した。「悪魔の兵器」が本性をあらわす日が刻一刻と近づきつつあった。「まだ本当の実験は終わっていない。爆発ゼロか、数万倍か？」といった一抹の不安が残るなかで、センターボード計画はすでに動きはじめていた。

実験の行われる前日の五月六日、第五〇九航空団爆撃隊の地上整備隊主力八〇〇名が、ケープ・ビクトリア号に乗船、シャトル港を出港してテニアン島に向かった。

八〇〇名の隊員も、兵員輸送に当たる船長も、「原爆部隊」であることは、いっさい知らされていなかった。命令はトルーマン大統領が直接スチムソン陸軍長官に対して行い、マーシャル参謀長、グローブス少将、アーノルド空軍総司令官、ルメイ第二〇空軍司令官、ティベッツ第五〇九航空団指揮官へと、秘密ルートを経て原爆部隊が行動するように仕組まれていた。最高秘密保持のためにすべての作戦と切り離された、大統領直属の原爆部隊となっていた。したがって原爆投下の責任者は大統領である。

五月八日、ナチス・ドイツが無条件降伏し、ヒトラーは自殺した。科学者は標的を失って戸惑ったが、政治家と軍人は新たな標的を日本に決めていて、マンハッタン計画変更の意思はまったくなかった。

五月一八日、第五〇九原爆部隊の先発隊が輸送機でテニアン島に到着した。将兵とともに原爆にかかわる民間の技術者の一団もまじっていた。

つづいて二九日、八〇〇名の地上整備隊を乗せたビクトリア号がテニアン港に入港した。これで原爆部隊二〇〇〇名が最前線基地に勢揃いした。

あとは原爆ができさえすればよく、体制はととのっていた。しかし、これは賭に近い決断といえた。まだ実験も終わっていないのに、準備だけが正確にすすめられていた。

砂漠の秘密訓練基地ウエンドバーで猛訓練をつづけていたB29一五機が、六月一一日、テニアン島の北飛行場に着陸した。すでにテニアンに先着していた科学者、技術者、整備隊など、原爆部隊全員がつきつぎに着陸してくるB29を出迎えた。

「長髪族」と呼ばれた民間人である科学者も含め、第五〇九航空団に属するすべての隊員約二〇〇〇名は、特別地域に宿営することになった。宿営地はD滑走路と西海岸にはさまれた、最も風通しのよいウネチェウロである。宿営地の周囲は鉄条網で厳重に囲まれ、一般の将兵との接触は完全に絶たれていた。つねに周囲をMPが警戒しているこの部隊が、特別任務をおびていることは察することができた。

六月下旬、ティベッツはルメイのすすめもあって、ロタ島沖で原爆投下訓練を行うことにした。

当時、ロタ島守備隊本部のあったサバナ高原のマニラ山の対空監視所で模擬原爆投下訓練を目撃した軍属がいた。チャモロ人トーマス・メンディオラである。

筆者がトーマスの話を聞いたのは、一九八一年七月二六日のことであった。女子高生のマデス・笹川・メンディオラの運転する小型トラックで、ロタ島の東端の椰子の木に囲まれたトーマス・メンディオラ元市長の別荘を訪ねた。

取材の趣旨は南洋群島の皇民化教育についてであったが、ついでに軍属時代の話がでた。トーマス（取材時七三歳）はロタ島民学校三年、サイパン島民学校補習科二年、パラオ木工徒弟養成所の研究生を修了して、島民学校が名称を変えたロタ公学校の教師をしていた。

太平洋戦争の末期、ロタ島に日本軍が進駐すると、トーマスは日本語のうまさを買われて、守備隊本部に徴用され、対空監視を命じられた。監視所は平地より高いサバナ高原の中央にあるマニラ山（四六八メートル）にあった。

トーマスが双眼鏡で監視していると、B29が単独で飛来して、かなり上空から、黒い鉄の塊を投下して飛び去ったが、爆発はしなかった。警備隊本部に報告したが、不発弾だろうということですまされた。

筆者がその黒い鉄の塊は、アメリカの記録によると、模擬原子爆弾に間違いないというと、トーマス・メンディオラは目を見ひらいて絶句した。

原爆部隊がロタ島沖で投下訓練をしている頃、島の北端に原爆組立工場が建設されていた。二棟は完成し、残る二工場は八月一日に完成する予定であった。第三、第四工場は一棟を二つに区切ってあり、建物としては三棟であるが組立工場は四つあった。

いまはタガンタガンの密生したジャングルに隠されてしまって、コンクリートの床と土台石だけが、ジャングルのなかに残っている。

工場の背後に三メートルほど土盛をした帯状の遮蔽物がある。目隠しのためのものと思われる。

一方、飛行訓練は新しい段階に入っていた。七月初旬、ロタ島への短距離訓練から長距離飛行訓練に変わった。原爆部隊の特別仕立てのB29は、二月一六日に米軍が占領した硫黄島への飛行訓練に飛び立った。往復四〇〇〇キロの長距離飛行である。

また、日本軍政力下にあるトラック諸島へも飛行訓練を行い、高射砲の洗礼もうけた。七月中旬を過ぎると、総仕上げとして、日本本土への訓練爆撃が開始された。ルメイはティベッツが日本本土へ飛ぶことを禁止し、ティベッツは原爆について知っている者の本土への飛行を禁じた。事故に遭遇するおそれを避けるためであった。

七月二〇日、テニアン統合参謀本部は、第五〇九航空団に対して、B29三機小隊編成で日本本土の訓練爆撃命令を下した。

模擬原爆四トン、本物と同じ重量、同型の金属製・通称「かぼちゃ」に通常爆薬を装塡した爆弾を搭載、本番と同じ八五〇〇メートルの高空からの目視爆撃である。攻撃時刻も本番と同時刻、八時一二分であった。

目的は原爆機の長距離飛行訓練と本番に備えた投下訓練である。もう一つのねらいは、B29の単機または少数機の侵入に馴れさせ、日本人の警戒心を稀薄にするものであった。東京ローズが単機侵入と投弾一個を嘲笑し、被害がないとラジオで放送した。作戦は成功と米軍統合参謀本部は了解した。

同じ日、神戸、大阪、新潟、宮津、舞鶴、福井、日立、銚子、岡崎、尼崎の爆撃を目的とした六〇二機のB29がマリアナ基地を飛び立っている。

テニアン二五八機、サイパン一三〇機、グアム二一四機である。いずれの航空団も午前零時前後に爆撃を終了し、午前六時頃各基地に帰っている。午前八時過ぎの第五〇九航空団の模擬原爆投下訓練に支障がないように作戦が立てられていた。作戦任務二七六号の記録がそのことを証明している。

日本本土における模擬原爆投下訓練も大詰めにきて、爆撃目標をどこにするか、目標検討委員会で検討が加えられた。

第一回目の会合は四月二七日に開かれた。グローブス将軍ほか軍人四名、フォン・ノイマン博士ほか学者四名である。会議は午前八時四〇分にはじまり、昼休みをはさんで午後まで長時間行われた。

弾着観測機が爆撃編隊を誘導することや、有視界爆撃が不可欠であることなどが話し合われた。特に有視界爆撃が可能な気象条件について、気象予報官の専門的意見が検討された。

爆撃地域として、東京湾、川崎、横浜、名古屋、大阪、神戸、京都、広島、呉、八幡、小倉、下関、山口、熊本、福岡、長崎、佐世保などがあげられた。

東京湾があげられたのは、この段階で予告の可能性があったことを示している。

目標の選定等について、数回にわたって詳細に検討が加えられ、五月三一日の暫定委員会においてスチムソン長官ほか一五名の協議によって「……日本側に事前に警告を与えることはできない」ことが決定、確認された。

目標検討委員会や暫定委員会の協議の結果をふまえて、原爆チームを代表するファーレル准将、パーソンズ海軍大佐、アシュワース海軍大佐、ティベッツ空軍大佐、ルメイ少将らによって構成された「テニアン統合参謀本部」は、攻撃目標の順位を広島、小倉、長崎に決めた。第一候補であった京都はスチムソン長官の強硬な反対によってリストからはずされた。新潟は遠距離、長崎は地形的に問題があったが、二都市は補欠候補地としてリストに加えられた。

第五〇九航空団では、何時でも発進できる態勢がととのっていた。科学者の議論や原爆投下によって生じる政治的問題は、第五〇九航空団にとっては関知するところではなく、ただ、猛訓練の成果を実戦に持ち込む緊張感に包まれていた。

第一三章　一九四五年八月六日午前八時一六分

原爆実験

一九四五年（昭和二〇）七月一六日午前〇時、ニューメキシコ州アラモゴルドの砂漠の原爆実験場は暗雲におおわれていた。稲妻が一瞬死の砂漠を照らし、そして、ふたたび砂漠は闇に包まれた。

七月一三日に行われる予定だったこの実験は、天候不良で延期されていた。しかし、アメリカは、一七日のポツダム会談において「原爆」のカードをきる必要があり、もう延期は許されない状況であった。

グローブス将軍とオッペンハイマー博士、四二五名の科学者と技術者は、実験塔から九マイル離れたコンクリートの掩蔽壕の前に集まった。実験予定の午前二時、雷雨はますます激しくなり、天空を切り裂く稲妻は神の怒りのように見えた。気象観測班は気象条件を予測、実験を午前五時半に延期した。

雷雨もややおさまった五時二九分、自動測時器にスイッチが入れられた。グローブスとオッペンハイマーは同時事故を避けるため別々の観測壕に入った。爆発の威力がこの時点では予測できなかったからである。

原爆実験のスタッフは、日焼止めのローションを肌にぬっていたが、放射能の限界不明の影響力に大きな不安をいだいていた。

プルトニウムの核心の入った原爆は、一〇〇フィートの高さの鉄塔の上部に設置されている。五時二九分四五秒、マグネシウムを目の前でたいたような閃光が走った。

閃光は太陽を何千も集めたような、緑色にきらめくもの凄いものであった。巨大な火の玉が、一瞬のうちに天空高く上昇し、濃い紫からオレンジ色に急変し、ふくれあがり、さらに上昇をつづけ巨大なキノコ雲になった。

茫然としている観察者の掩蔽壕を超ハリケーン級の突風が襲い、耳をつんざく轟音が天地を引き裂くほどに響きわたった。人類が未だかつて見たことのない光景が、砂漠のなかに一瞬にして出現した。目を疑う情景が眼前にあった。

どんな強烈な爆弾にも破壊されなかった頑丈な鉄塔が、一瞬にしてガス化して消えた。百万度の熱線は生物・植物はおろか、建造物などすべてのものを消し去る威力のあることが、秘密の原爆実験場、アラモゴルドの砂漠で証明された。

人類が目にしたこともない悪魔が地球上に姿を現わした一瞬である。

アラモゴルドでプルトニウムの原爆実験が成功した日の朝、サンフランシスコ港に待機していた巡洋艦インディアナポリス号が、午前八時、正体不明の木箱を積んでテニアン島に向けて出港した。

艦長マックベス大佐は、マリアナ諸島のテニアン島へ大至急直行すること、積荷が戦争を早期に終結する重要なものであること、たとえ艦が沈められても、積荷だけは確保するよう命令をうけた。しかし、積荷の正体は知らされていなかった。

ウランの原爆を入れた鉛のバケツ型の容器は、船室の床に固定されていた。護送の任務についたのは、陸軍将校の軍服を着たファーマとノーランの二人である。彼らはマンハッタン計画の技術者の一員である。

鉄の外皮を納めた木箱は甲板に縛りつけてあった。木箱の両端には海兵隊員が二四時間、厳重な警備に着いていた。艦長は好奇心にかられたが、最高の軍事機密であることを考え、正体不明の積荷の詮索はしなかった。

プルトニウムの実験が成功したのと同時に、もう一つの原爆・ウランがテニアンに輸送されたのは、「ウラン爆弾は爆発まちがいない。ゆえに実験は行わない」ことになっていたからである。インディアナポリス号が全速力でテニアン島に向けて航行をつづけていた頃、ポツダムでは日本軍国主義打倒の会談がはじまろうとしていた。

七月一六日、トルーマン米大統領は、米・英・ソ首脳会談のため、ドイツ・ベルリン西郊のポツダムにいた。スターリンからは一日遅れると連絡があり、チャーチル英首相から表敬訪問をうけていた。

チャーチルが退席したあと、トルーマンは、三首脳会談の主導権を握ることのできる重要なカードを手に入れた。

「極秘事項。陸軍省秘密通信センター発信今朝手術実施。診察未完了なれど、結果良好にしてすでに期待以上……」（概要）

トルーマンは暗号電文を読んで、遂に世界のどの国も持たない「原爆」を掌中におさめたことに興奮を覚えた。

翌一七日、三首脳会談がもたれたが、トルーマンはスターリンに原爆のことは知らせなかった。この時点ですでに米ソ核兵器競争は開始されたといってもよい。

米英は四三年、原爆の製造が可能なことを前提としてケベック協定を結び、原爆使用の時、アメリカは、イギリスの同意を求めることになっていた。七月四日、すでにイギリスは原爆を日本に投下することに同意していた。

チャーチルは、スターリンに対するトルーマンの態度から、アメリカが「原爆」という強力なカードを手にしたことを察した。

スターリンもまた、日本の「和平工作」のカードを手にしていたが、そのカードをトルーマンに見せようとはしなかった。三首脳は戦争終結後にアジアの利権をいかにして獲得するか、ぎりぎりの駆け引きをしていたのである。

日本がソ連を仲介として終戦工作をはじめたことで、日本の敗北は疑う余地のないものになった。それでもソ連は八月一五日に対日戦開始の腹づもりであった。アメリカにはソ連参戦前に原爆攻撃によって、日本を無条件降伏させたいとの思惑があった。こうした利権がらみの外交に必死になっているソ連に終戦工作を依頼して、ポツダム宣言受諾を引き延ばした日本は無為無策で一一日間を空費した。

日本の「ポツダム宣言黙殺」の回答は降伏拒絶と解釈され、トルーマンに原爆投下の口実を与えた。

原爆投下命令

原爆投下命令は七月二五日にはトルーマンの手を離れ、政治の領域から軍事作戦の領域に移行していた。グローブスの原爆投下命令は、グアム島の第二〇空軍司令部に達していた。しかし、原爆はまだテニアン島に到着していなかった。

インディアナポリス号がテニアン港に原爆の本体を陸揚げしたのは、七月二六日、ポツダム宣言発表の日であった。

ここで注目したいのは、二五日に投下命令が出され、翌二六日に「無条件降伏せよ」と最後通牒を突きつけたことである。降伏勧告がして拒否されてから、投下命令を出すのが順序である。有史以来初めての悪魔の兵器の使用であれば、なおさら手順には政治的考慮が必要なはずであった。

戦後トルーマンは、命令はポツダムからアメリカに帰る途中、大西洋上の砲艦オーガスタの艦上から発令したものだと自伝に書いている。しかし、この重大な原爆投下最終命令の文書は、いまもって目にすることはできない。

八月二日、第二〇空軍司令官ルメイ少将は、第五〇九航空団指揮官ティベッツ大佐に極秘の命令を下令した。

「在グアム島第二〇空軍司令部作戦命令書　一三号　　一九四五年八月二日

攻撃日　　八月六日

攻撃目標　　　広島中心部と工業地帯
予備第二目標　小倉造兵廠ならびに同市中心部
予備第三目標　長崎市中心部
特別指令　　　目視投下にかぎる
投下高度　　　一万八〇〇〇フィート―三万フィート
飛行速度　　　時速二〇〇マイル
上記以外の友軍は一機たりとも、攻撃前四時間、攻撃後六時間は攻撃目標より五〇マイル以内に入るべからず」

この命令がテニアンに届いた日の午後一二時一五分、原子爆弾の最後の部品がB29によって、北飛行場に運び込まれた。

原爆の製造、実験、運搬の時間的経過をたどってみると、つねにアメリカは大きな「賭」をしているように思えてならない。

ルーズベルトがアインシュタインの忠告を受け入れて、原爆製造を決断した。これがまず第一の大きな賭といえるだろう。原爆投下目標をドイツから日本に変更することにアインシュタインをはじめ多くの科学者が反対した。原爆をもたない日本にどうしても投下するなら、予告せよという意見もあった。また、公開実験を行い、破壊力の凄さを見せて降伏勧告を……とさまざまな意見が出された。

トルーマンは科学者の勧告を退け、無警告投下の決断を下した。普通では考えられない短い時間で決定され、原爆が最前線テニアンに到着する前に投下命令が下された。政治的にも、国際的にも、歴史的にも、大きな問題を残す原爆投下命令が下されたのである。

トルーマンはルーズベルトに輪をかけたような大きな「賭」をしたのである。その結果、広島、長崎を壊滅しただけでなく、人類滅亡を招きかねない核爆弾の恐怖の時代を出現させた。

終戦工作

アメリカで原爆が製造され、日本に投下せよという命令が出ている頃、日本の戦争指導者はソ連を仲介にたてて、戦争終結の工作をはじめていた。

近衛文麿を特使と決め、天皇の親書まで用意したのに、ソ連は日本の和平工作にはっきりした回答を示すことなく、スターリンはポツダムへ向かった。

日本国民の間には「早く降伏しないと国民を殺すばかり……」「政府は戦争指導に、士気高揚に口を開きては必勝の信念、必勝の態勢と云うが、戦局の現状と昨今の食糧事情等により戦争の将来を憂え、生気を失いつつある」といった噂がひろがっていた。

勝った勝ったというが、食うものがない。その上、来る日も来る日も空襲である。これで厭戦思想が生まれなかったらおかしい。ソ連と終戦工作をしていた駐ソ大使佐藤尚武ですら「戦争終結を欲する以上無条件降伏しかない」といっている。

こうした情勢のなかにあっても天皇は、「もしまた旨く行かなければ、却って国民の結束を堅めてあくまで戦争継続が出来ることになると思う」とこの期におよんでも戦争を継続しようとしていた。

七月二〇日、ソ連が特使派遣を拒否したあとも、政府は天皇の親書によって交渉をつづけるように、モスクワの佐藤に訓電した。

日本時間七月二七日午前六時少し前、外務省はポツダム宣言をキャッチした。無条件降伏の要求には一三の項目が記録されていた。

軍国主義の解体、民主主義の復活等々を要求し、「右以外の選択は迅速且完全なる壊滅あるのみとす」としていた。この「壊滅」という二文字の意味を、日本の戦争指導者たちは読みとることができなかった。

外務省では「すぐ飲むべきだ」で意見が一致した。ところが最終結論は、「この際黙っているのが最も賢明」という腰くだけなものになってしまった。

黙っていることは、政治的・国際的には「拒絶」と解釈されるという重大さには、気づいていなかった。宣言には「米・英・中」とあるだけで、ソ連の名はなかった。日本の戦争指導者はこの時点でもまだソ連にしがみついていたのである。

七月二八日、「政府は黙殺」という見出しで「帝国政府として米英重慶三国の共同声明に関しては何ら重大な価値のあるものに非ずとしてこれを黙殺すると共に、断乎戦争完遂に邁進するのみとの決意を更に固めた」（昭和二〇年七月二八日・朝日新聞）

アメリカ政府はこれをポツダム宣言「拒絶」「戦争継続の決意」の表明と受けとった。トルーマンは二五日に原爆投下命令を出しておきながら、日本の拒絶で投下の決意を固めたと主張している。

日本の戦争指導者たちがぐずぐずしている間も、B29の空襲はつづいていた。七月二六、二七、二八日、ポツダム宣言を突きつけられた三日間だけで、マリアナ基地から飛来した一〇四七機のB29が日本本土を空襲しつづけた。

川崎、松山、大牟田、宇治山田の市街地など二一都市に焼夷弾と爆弾が七〇二九トンも投下され、この三日間の空襲で五〇〇〇人をこえる市民が命を奪われた。

いよいよどうにもならない状況に追い込まれて、八月を迎えた。

天皇、鈴木貫太郎首相、東郷茂徳外相をはじめ戦争指導者たちは、ただ手をこまねいているだけであった。

ルメイの祝賀爆撃

来る日も来る日もB29の空襲の恐怖におののいている国民に対しては、戦いの真相はまったく知らされていなかった。

八月二日午前〇時二〇分頃、八王子、富山、長岡、水戸が大空襲をうけた。襲来したB29は六二七機である。第一回目の空襲から第二〇四作戦任務命令までの機数の平均は四八〇機で、二日の機数は平均より一四七機も多い。

この二日の大出撃には二つの理由があった。

その日は、米陸軍航空部隊の第三八回記念日であった。もう一つの理由はカーチス・E・ルメイ少将が、米国戦略空軍の参謀長に就任するための「祝賀爆撃計画」であった。祝賀爆撃を計画し命令したのはルメイ自身である。

そのために四都市に五一二八トンもの焼夷弾・爆弾が投下された。

焼失率と死者は、八王子が八〇パーセント・四五〇名、富山が九九・五パーセント・二二七五名、長岡が六五・五パーセント・一一四三名、水戸が六五パーセント・二四三名、死者の数は合わせて四一一一名である。戦争指導者の無責任な無為無策が、市民の命を失わせる結果を招いた。

一介の空軍司令官にすぎないルメイが、自分の昇進祝いを自作自演して、「祝賀爆撃計画」を立案、実行するとはまともではない。また、最後の降伏通告をうけながら、無策のまま時を過ごし、国民の死を平気で見過ごしている日本の戦争指導者もまともとはいえない。

戦争は、残虐さをエスカレートさせる特質をもっている。カーチス・E・ルメイがそのことを立証している。ルメイは三月一〇日、東京大空襲、絨毯爆撃、皆殺し作戦で東京都民一〇万人を焼き殺した。東京下町に壊滅的打撃を与えたルメイは、さらに作戦を拡大し、東京、名古屋、大阪、神戸、横浜はじめ、中小都市も含め二〇〇の都市を焼きはらい、三十数万人もの非戦闘員である市民を殺傷した。

ルメイの非常識はさらにエスカレートして、広島、長崎への原爆投下へと発展した。

エノラ・ゲイ発進

一九四五年八月五日午後四時一五分、エノラ・ゲイ号の搭乗員は、第五〇九航空司令部の戸外に勢揃いした。明日の出撃をひかえ公式の飛行記念写真の撮影が行われた。

指揮官ポール・ティベッツ大佐を中心に、技術顧問ウイリアム・バースンズ海軍大佐、爆撃士トーマス・フェレビー少佐、航空士セオードア・ヴァン・カーク大尉、副操縦士ロバート・ルイス大尉、機関士ワイアット・ドゥゼンベリー中級軍曹、副機関士・副射手ロバート・シュマード軍曹、レーダー操縦士ジャコブ・ベーサー中尉、同ジョーンズ・スティポリック軍曹、無電士リチャード・ネルソン上等兵、武器整備モーリス・ジェップソン少尉、射手ジョージ・カロン中級軍曹、総員一二名である。

写真撮影の一時間ほど前、組立工場では、慎重に原爆が組み立てられていた。

ずんぐりむっくりした、やや灰色を帯びた金属の塊は不気味に光っていた。長さ三メートル、直径〇・七メートル、重さ四トン、この鉄塊のなかにまだ爆発実験をしていないウラニウムが入っていた。

悪魔の兵器は「リトルボーイ（小さい男の子）」と名づけられた。原爆の横腹に「天皇を葬れ」「インディアナポリス乗員の霊に捧ぐ」と書かれていた。インディアナポリス号は、原爆の本体をテニアン港に陸揚げした後の七月三〇日、フィリピン沖で日本の潜水艦伊五八号の魚雷攻撃によって撃沈された。

午後三時三〇分、原爆は手押し車の上に載せられた。囲りには科学者、マンハッタン計画専任の治安隊員、憲兵が集まった。ユアンナ少佐が原爆の上に防水布をかぶせた。準備は完全に終了した。

手押し車はトラクターにつながれ、ゆっくり前進をはじめた。原爆をはさんで片側に七人の憲兵、反対側に七人の治安隊員が付き添い、前後には何台ものジープに乗った憲兵が厳重な警備体制をしいている。息づまるほど慎重にのろのろ進む原爆運搬の集団は、炎天下の葬列のようであった。

組立工場からA滑走路エプロンまで八〇〇メートル。

エプロンに到着した原爆は、ウインチでそおっと穴のなかに吊り下ろされた。

エノラ・ゲイ号は、両輪が穴をまたぐように移動、爆弾倉に特設したウインチで原爆を慎重に吊り上げ、特別製の吊り金具で固定すると、爆弾倉の扉は静かに閉められた。午後四時、三名の憲兵に守られていたエノラ・ゲイ号が原爆を腹にかかえると、もう一隊の憲兵が加わり、警備はさらに厳重になった。一人の憲兵が「一〇〇フィート以内禁煙」の立札を立てた。

一九四五年八月六日午前〇時、ティベッツ大佐は、搭乗員に最後の訓示をした。すでに何回も説明しているので、爆弾の特殊性だけに限った。

「今まで見たこともない爆弾で、TNT火薬二万トンに当るものだということを忘れるな」と注意しただけで、「原爆」とか「核爆弾」ということばは、いっさい使わなかった。最後の命令、作戦命令三五号にも「特殊爆弾」とだけ書いてあった。

午前一時三七分、B・C・D滑走路から気象観測機のB29三機が同時に発進した。広島へはイーザリー少佐、小倉へはジョン・ウイルソン少佐、長崎へはラルフ・ライラー少佐が機長として搭乗、発進した。

午前一時五一分、エノラ・ゲイ号の予備機が硫黄島へ向けて離陸した。エノラ・ゲイ号になんらかのアクシデントが生じても、テニアンに引き返すことはできない。テニアンにはマンハッタン計画要員が大勢いる。なかでも多くの優秀な科学者を核事故で死なせるわけにはいかない。そこで原爆積み替え地点として硫黄島が選ばれていた。

午前二時〇分、いよいよエノラ・ゲイ号の出発である。マンハッタン計画の指揮官であるグローブス少将の特命によって、エノラ・ゲイ号に目もくらむような照明があてられ、映画班、写真班が記録を撮りつづけていた。

エプロンは五〇九航空団の将兵、マンハッタン計画の科学者、技術者、保安要員、憲兵、ジャーナリストでごった返していた。

まばゆい光の氾濫と仰々しい騒ぎは、軍事基地にふさわしくない、安手のショーの一場面のようでもあった。

異様な雰囲気とはまったくかけ離れて、ティベッツ大佐は緊張していた。カメラマンの注文にこたえて笑顔をつくったが、「ここで核事故がおこったら……」と思いめぐらすと、ぞっとするものがあった。また、彼の作業服のポケットには、密封された金属の箱が忍ばせてあった。青酸加里の入ったカプセル一二本が箱に納められている。日本の上空で事があった場合、捕虜になる前にピストルか青酸のどちらかで自殺するためである。

午前二時二七分、エンジン始動、二時三五分、離陸滑走の位置につく。日本人が血と汗を流し一年一〇ヵ月かけて建設した滑走路から、いま原爆機が飛び立とうとしている。

二時四五分、管制塔の指示をうけ、エンジン全開、滑走路ぎりぎりまでスピードを上げ、ティベッツ大佐は機を上昇させた。エノラ・ゲイ号は重い機体をぐんと上げ、暗い洋上に出るとさらに高度を上げていった。

午前二時四七分、エノラ・ゲイ号が発進して二分後、科学観測装置を搭載したスイーニイー機長のB29が離陸、つづいて二時四九分、写真装置を備えたマークワード機長のB29が飛び立った。

一番機が飛び立って一時間一二分後、最後のB29が離陸した。広島を攻撃する原爆部隊は一直線に硫黄島に向けて飛びつづけた。

午前三時一〇分、技術担当のバースンズ大佐は、第一次の点火装置の取りつけをはじめた。全神経を集中した作業であった。あとは緑色の三本の「安全栓」を赤い栓に取り替えれば、原爆はいつでも悪魔の牙をむくのである。しかし、バースンズ大佐にも自分が取りつけた起爆装置が作動したら、どんなことになるのかよくわかっていなかった。最後の起爆装置の取りつけは、投下一時間前と決められていた。

エノラ・ゲイ号は予定通り、五時五分三〇秒（日本時間）硫黄島上空に到達した。水平線の暗部と白みかけた空が、くっきりと一線を画していた。ティベッツ大佐は硫黄島の上空を旋回し、後続の観測機二機を待ち、島の上空でエノラ・ゲイ号を先頭に三機でV字型編隊を組んだ。

三機が高度九二〇〇フィートに上昇した時、朝日は金色の光線を満天に放ちはじめていた。六時三〇分、ティベッツ大佐は機内の全員に特殊爆弾の正体を明らかにした。

「われわれは世界初の原子爆弾を運んでいるのだ」

機内のどよめきが伝わってくる。ティベッツ大佐は「爆発を見たら感想を録音する」と説明し、「歴史に残る資料になるのだから、ことばに注意するように」と付け加えた。

六時四〇分、バースンズ大佐が緑の安全栓を抜き、赤色の栓をセットし、投下準備が完了した。

気象観測機から気象の状況を知らせてきた。第一目標広島、第二目標小倉、第三目標長崎、どの都市も目視爆撃が可能である。ティベッツ大佐は「広島」に投下目標を決定、全搭乗員に伝えた。

航空士ヴァン・カーク大尉は飛行コースを修正するように操縦席に呼びかけた。機は高度三万一〇六〇フィートを飛びつづけ、午前八時一二分、「進入点」を通過した。ティベッツ大佐はインターコムで全搭乗員に「眼鏡をかけろ」と命じた。

三〇秒前、爆撃士フェレビー少佐は眼鏡を額にかけたまま、照準点のT字型をした相生橋を照準器の中心の十字線の真中にとらえていた。

「旋回用意」

ティベッツ大佐のこのことばが、世界が核時代に入る幕開けのことばであった。

広島の惨劇は言語に絶するものであったが、それだけではない。米ソの核軍拡競争、さらには中国、フランス、インド、パキスタン……人類滅亡を招く核兵器の生産に狂奔する、狂気の時代の幕開けでもあった。

原爆投下

フェレビー少佐は信号器のスイッチを入れた。自動時限装置が作動をはじめた。午前八時一五分一七秒、エノラ・ゲイ号の爆弾倉が音もなく開いた。世界最初の原子爆弾は、自動的に掛金から離れ、相生橋めがけて落下していった。ティベッツ大佐はエノラ・ゲイを右へ急旋回させ、危険区域から脱出するためエンジンを全開にした。

午前八時一六分、原爆は四三秒の間に九・六キロメートル落下、標的・相生橋から二〇〇メートル東にそれた島外科医院の上空五七〇メートルで爆発した。

エノラ・ゲイ号が危険域から脱出できるかどうかは賭であった。プルトニウムの爆発実験はすんでいたが、ウラニウムの爆発実験はいま広島に投下したのが、第一号である。広島は実験場であった。

脱出できるか……わずか数秒、数分の間にエノラ・ゲイ号の一二名の搭乗員は、人類が地球上に誕生して以来、はじめての体験をした。

一瞬、太陽を何千も集めたほどの光がピカッと光った。この世のものとは思えない、凄まじく鋭い光に一二名は圧倒され、ことばを失った。

薄暗い機内を光が突き抜ける。計器の文字盤も人の顔も飛行服も、一瞬、真白く光って、閃光は宇宙空間に消えた。

紫の鋭い光が赤い火球にふくれあがり、中天に向かって急激に上昇していく。巨大な火球が天にかけ昇ったあとに、黒煙の柱が出現したかと思うと、五秒ほどで見る者を圧倒するキノコ雲が、一万メートルをこえても、なお生物のようにぐんぐん上昇をつづけている。

尾部銃座にいたカロン中級軍曹は、キノコ雲から巨大な空気の塊が輪になって、エノラ・ゲイ号に襲いかかってくるのを目撃した。カロンは危険をティベッツ大佐に知らせようとしたが、恐怖のあまり声を出すことができなかった。

エノラ・ゲイ号は衝撃波で高く突き上げられた。「高射砲だ」機内は騒然となった。四秒後、第二の衝撃波の大きな突き上げがあった。やっと正気にもどったカロン中級軍曹の報告で、高射砲でなく衝撃波であることがわかった。

エノラ・ゲイ号は六万フィート（一万八〇〇〇メートル）まで上昇したキノコ雲を遠巻きにして、二万九二〇〇フィート（八七六〇メートル）の高度で、三回旋回した。

煙の巨柱は荒れ狂う怪物か化物のようにふくれあがり天空へ駆け昇っていく。中心には真赤な火炎が燃えたぎり、紫がかった煙の塊が、ごうごうと渦巻いている。炎と煙がせめぎあいわき返っているさまは、まさに火炎地獄であった。

原爆を搭載しているとは知らずにテニアンを飛び立った者たちは「俺たちは一体何をしたんだ？」という恐怖と疑問を抱いた。ティベッツ大佐は爆発力の大きさは説明によってわかっていたつもりであったが、いま目の前にあるこの世のものとも思えない惨状を見て、大きなショックをうけていた。

一二名の搭乗員は「信じられない光景」とか「地球が崩壊するほどの凄さ」とか、「気絶するほどの恐怖にかられた」とか、さまざまに実感し、原爆の破壊力の物凄さに恐怖を感じたという。しかし、彼らは安全なところから驚きと恐怖におののいていたにすぎない。

キノコ雲の下で火炎と熱線に焼かれてこの世から消し去られた人びとの無念、皮膚を焼かれ、幽鬼のごとくさまよった人びとの痛み、苦しみを知るはずはない。

エノラ・ゲイ号は午後二時五八分、テニアン島北飛行場に着陸した。往復一二時間一三分の飛行であった。

北飛行場ではエプロンに二〇〇人、誘導滑走路には数千人の将兵が整列して原爆部隊を出迎えた。前日までの謎の部隊、軽蔑の対象であった五〇九部隊が英雄に一変した。

エノラ・ゲイ号から降りたティベッツ大佐の胸に、スパーツ将軍が殊勲十字章をつけた。ティベッツ大佐は自分が歴史に残る英雄になると思っていた。囲りの者もそう思った。

しかし、ティベッツ大佐は論争の標的になった。「世界最大の殺人犯」と、糾弾されたこともあった。

三〇年間の軍務を終えたティベッツ大佐は、後年「トルーマン大統領、グローブス将軍、ルメイ少将の命令に従って原爆を広島に投下したが、世論の批判を浴び、使い捨ての廃物にされた」と改悟する日々を送ることになる。

第一四章　広島で長崎で

「テニアン占領宣言」が発表されてから一年がたとうとしていた。五十嵐奈美子、佐藤照男たちも収容所生活に慣れ、所内にできた学校で勉強をするようになった。はじめは青空教室であったが、いまではトタンの屋根がついた。

一、いつもにこにことすること。
一、いつもいきいきとすること。
一、いつもいそいそとすること。

女子生徒は毎日三つの誓いを暗誦した。戦いに敗れても子供たちに明るさや夢や希望を失わせないために、教師が考えだした三つの誓いである。

一九四五年八月五日、日曜学校が終わった子供たちは、家の手伝いや炊事用の薪拾いをしていた。午後四時をちょっと過ぎた頃、北飛行場から飛び立つB29を子供たちは数えていた。一〇二機が飛び立っていった。

三〇分ほどして北飛行場から三〇機が飛び立った。それから一〇分ほどして西飛行場から六五機、さらに三〇分後に同じく西飛行場から六六機がエンジンの音を残して北の空に消えていった。

「B公は四日ぶりの出撃だね。全部で何機だ」上級生に聞かれて全部を合わせて数えた。二六三機の出撃であった。「明日は帰ってくるのが朝早いぞ。朝六時にここへ集合して数えよう」子供たちはB29が何機撃墜されるか、期待をもって別れた。

この日はテニアンだけでなくサイパンから二六一機、グアムから一一一機、総計六三五機が出撃した。大半が広島周辺の都市を爆撃し、広島へは一発も投弾しなかった。七月二日午前二時、呉を空襲したB29一五二機が一〇八一トンもの焼夷弾と爆弾を投下して、海際に細長くへばりついたような町を全滅させた。

呉と広島は二〇〇キロしか離れていない。しかし、広島は爆撃しなかった。都市防空作戦の任にある参謀には米軍の作戦がまったく読めていなかった。ただ、なんとなく「広島は爆撃されないのではないか」といった思い込みがあった。

子供たちがB29を数えた夜、日付が変わった午前零時過ぎ、エノラ・ゲイ号ほか六機が北飛行場を飛び立った。子供たちは収容所のバラックでぐっすり眠り込んでいて、原爆部隊が北飛行場を飛び立っていったことに気づかなかった。

しかし、原爆機七機の発進を目撃した日本兵がいた。テニアン島南西九キロにあるアギグァン島の守備隊の不寝番である。不寝番は午前一時五一分から二時四九分の間にB29七機が発進したことを、山田隊長に報告した。残念なことにアギグァン島守備隊には、無線機がないので報告は隊長のところで止まってしまった。

広島へ原爆が投下された時、警戒警報は解除されていた。市民がまったく警戒してないところへ、突然、ピカドンは投げつけられたのである。

当時、市民にとってはラジオの警報が身を守る唯一の手段であった。いつ空襲警報があっても聞きとれるように、ラジオのスイッチは入れたままにしてあった。そのために故障が多かった。広島中央放送局では、故障したラジオの修理を受けつけていた。

八月六日の朝も、修理をしてもらいたい市民が、長蛇の列をつくっていた。一刻も早く警報を聞いて、身の安全を守ろうとした市民の列は、ピカドンの炸裂になぎ倒され、熱線に焼かれ、黒焦げの葬列となってしまった。

広島市民は無防備のまま、消し去られた。あるいは皮膚がぼろきれのようにたれさがり、幽鬼のように黒い雨の降る廃墟をさまよった。また、倒壊した家の下敷きになり焔に焼かれ、救助されることもなく焼死していった。広島はピカドンの直撃をうけ火炎地獄に一変した。

なぜ、この世のものと思えない大惨事が、突然広島を襲ったのであろうか……。

「戦争だから……」などという軽いことばでは言い表わせない。国際法上からも、人道上の見地からも許されることではない。その責任は日米両国の戦争指導者にある。トルーマンの無警告攻撃の命令。トルーマンに口実を与えた日本政府。そして、なんの警戒もしていない広島市民の日常生活の真上に、ピカドンが投げつけられた。

一瞬にして広島市街を壊滅させ、二〇万人以上が殺傷される大惨事が引き起こされようとしているのに、「警報」が出ていなかったことが、戦後問題になった。

「広島は空襲されないのではないか」市民たちの間に、そんな油断があった。また防空作戦の担当者にも、そうした油断があった。第二総軍司令部を広島城内においている軍都の拠点が、攻撃の対象にならないはずがない。

広島市に「空襲警報」が発令されたのは、八月五日午後九時七分、警報解除は午後一一時五五分である。この間に空襲をうけたのは、別表の都市である。

広島に出された警報と周辺都市の空襲とのかかわりを検討すると、いくつかの問題点が見えてくる。警報を発令する手順は、各監視所からの報告→中国軍管区司令部地下作戦室防空担当参謀（青木中佐）→中国軍管区参謀長の裁決を得て→電話で広島中央放送局・警報発令のラジオ放送→別途、消防・警察によるサイレン警報という手順になっている。

空襲時間	攻撃都市	B29機数	投弾量	発進基地
5日　　6日 22:24～00:31	宇都宮	111機	950トン	グアム
5日　　6日 22:32～ 1:32	舞鶴・米子・敦賀・その他	30機	181トン	テニアン
5日 23:41～23:56	佐賀市街地	65機	459トン	テニアン
6日 0:05～ 0:47	今治市街地	66機	510トン	テニアン
6日 0:05～ 2:01	西宮御影市	261機	2,028トン	サイパン・グアム
御影市（現・神戸市東灘区） 作戦任務第313号は前橋市街地＝102機・754トン・テニアン				

警報発令の権限をもっているのは軍管区司令部であり、発令は防空担当参謀である。八月五日、午後一〇時二四分、空襲警戒警報発令から、六日午前二時一分の警報解除までの三時間三七分の間、広島市民も軍管区防空関係者も睡眠をとれる状態ではなかった。

だが、五日午後一一時五五分から、六日午前〇時二五分までの三〇分間、広島では空襲警報が解除された。この時、広島から西へ二五キロの宇部市は、B29の空襲をうけている真最中であった。

また、広島の対岸南六五キロ、四国の今治市も広島の警報解除中に空襲をうけている。南西二四〇キロ離れた佐賀市がB29の空襲をうけ、その四分後に広島では警報を解除している。

広島だけでなくいたるところで警報の遅れや、早すぎる警報解除が問題になった。警報の遅れの典型は三月一〇日の東京大空襲である。

天皇の安眠を妨げるという理由で、東部軍管区司令部の参謀は、空襲警報発令を遅らせ、初弾投下後七分も遅れて空襲警報を発令した。東京都民一〇万人の死の背後にこうした事実があった。

六月九日朝、東海軍管区は、いったん出した空襲警報を解除した。名古屋・愛知航空機熱田工場で働く徴用工、動員学徒の生産向上を念頭においた解除である。ところが、警報解除後、午前九時一七分から九時二三分の一六分間、B29四四機が二六五トンの焼夷弾・爆弾を投下、三〇〇名の爆死者を出してしまった。

警報が適切さを欠いた理由の一つとして、敵機から国民を防衛する思想に欠けていたことをあげることができる。広島の八月六日の原爆投下も同じことである。広島城内に設置された第二総軍司令部は、米軍本土上陸に対処する決戦準備に追い込まれていた。こうした状況で、中国軍管区司令部作戦室の参謀の配置は手薄で、判断ミスが生じたといえる。

第二の理由は情報の軽視である。第五〇九航空団のB29単機が、模擬原爆を日本本土に投下したのを、東京ローズが放送で取り上げながら、侵入の意図がつかめなかった。

第五〇九航空団の単機または少数機の日本訓練飛行爆撃は、七月二〇日、北茨城、東京、いわき市から始まり、七月二九日、訓練を終了するまで、一五回、三八ヵ所に及んでいる。

B29の動向を調査している陸軍中央特殊情報部では、八月六日の午前四時すぎ、エノラ・ゲイ号が発進した、「われら目標に向かって進行中」の電話を傍受した。しかし、それ以上読みとることはできなかった。

広島上空に敵機なし

八月六日、月曜日、午前七時九分、警戒警報発令、午前七時三一分、警戒警報解除、「中国軍管区内上空に敵機なし」とのラジオ放送を聞いて、広島市民はほっとした。前夜は四時間も防空壕で過ごし、人びとは寝不足であった。どの家も朝食の支度で忙しい時間であった。雲ひとつない青空に太陽が輝き、暑い一日になりそうな朝であった。

八時、広島の町は動きはじめた。出勤する会社員、学徒動員で建物の強制疎開の現場に向かう中学生、空襲情報を担当する放送局員、広島城内の第二総軍司令部や中国軍管区作戦室へ出勤する軍人……、どの人も「空襲」への危惧はもっていなかった。

この日、広島には四一万人の人がいたと推定されている。市民二五万人、国民義勇隊と動員学徒一万人、他県から広島に来ていた人びと六万人、軍関係者九万人である。誰もが前夜の広島周辺都市の空襲は知っていた。深夜四時間も防空壕に入っていたが、広島に投弾はなかった。「広島に空襲はない……」という思い込みが、前々から広島市民を幻惑させていた。

八時を過ぎた頃、Ｂ29が一機、高空を岡山方面から西進してくるのが見えた。紺碧の大海原のような夏空に、小さなガラス細工の飛び魚のような機影がキラリと光っている。屋外にいる人びとは、「また、Ｂ29の偵察か……」と、空襲を警戒することもなく、ゆっくり西に向かって進んでいくＢ29を目で追っていた。

人びとが異変に気づいたのは、原爆が投下された八時一五分一七秒から四三秒間、急降下するＢ29の鋭い金属音を聞いた時であった。高度七〇〇〇メートル（米軍記録・九六〇〇メートル）から「殆ンド垂直旋回シテ左方向変換」（米軍記録・一五五度右旋回）「高度約千八百米」まで急降下、Ｂ29は原爆の炸裂からの脱出をはかった、と「中野探照燈台ヨリノ敵機望見状況（八月六日０８１５頃ヨリ）」（広島原爆戦災誌・第5巻）は図説している。

この図説でもう一つ注目するものがある。エノラ・ゲイ号の左側でもう一機のＢ29・科学観測機（スイーニイー機長）がエノラ・ゲイ号と平行して急降下、閃光が走る寸前に観測器をつけた落下傘を投下する図が描かれている。そして、解説には、「落下傘三個落下・一個不開落下」と書かれている。エノラ・ゲイ号は右へ、観測機は左へ、緊急脱出の絵図が描かれている貴重な記録である。

原爆炸裂

八時一六分、原爆は炸裂した。何が起こったのかまったくわからないまま、爆心地およびその近くにいた八万人が即死した。

爆心地から二五〇メートルの紙屋町大阪銀行広島支店の玄関の石段に影だけ残して消えた人も、急降下するB29の巨体と異様な金属音に空を見上げたであろう。一瞬後ピカドンとともにその人は消滅した。八万人のなかには、一瞬にしてなんの痕跡を残すことなく、消し去られた人たちがいたのである。

人間が一瞬にして消えるとはどういうことなのだろう。原爆が爆発した瞬間、火球の温度は百万度、想像のおよばぬ高温である。爆心直下の地表の温度は三〇〇〇—四〇〇〇度に達したという。「人間が蒸発した」という表現もある。人間が蒸発する。まさに悪魔の兵器であり、人類滅亡の危険をはらんだ兵器、原爆が広島に投下されたのである。

爆心地から半径五〇〇メートルの範囲では、九六・五パーセントが死亡、さらに一キロメートルの範囲になると死亡率は八三パーセント、一・五キロで五一・六パーセントとここまでは死亡率が極めて高い。二キロ離れると二一・九パーセント、五〇〇メートルずつ距離をひろげると四・九パーセント、一一・七パーセント、一一・五パーセント、四キロから五キロメートル離れた範囲では一・一パーセントに下がる(『ヒロシマ』広島平和研究所出版部)。

ウラニウム爆弾が炸裂したすぐ後、御幸橋西詰に緊急救護所がつくられた。爆心地から南南東二・二キロメートルのところである。『ヒロシマ』の統計によると、二・五キロメートル以内の建物損傷状況は、全焼三一パーセント、全壊一八パーセント、半壊四五パーセントで、すべてが損傷を受け、即死した者も五パーセントいる地域だ。

この地域が救護されなければならない状況であるのに、緊急救護所をここにつくらなくてはならないほど、逃げのびてくる被爆者の姿は無残なものであった。

熱線に焼かれ、表皮がぼろきれのようにたれさがった、裸同然の被爆者は、息もたえだえに御幸橋にたどりついた。シャツやズボンを身につけている者も、衣服は焼かれて半裸に近い。救護所といっても医者や看護婦がいるわけではなく、薬もない。

破壊された幼稚園から配給の食用油を巡査が持ち出して、火傷を負ったところに塗る程度である。橋のたもとには、動けなくなった負傷者が大勢うずくまっている。巡査の衣服も焼けこげている。立っている者は、肩を寄せあい、火傷した背なかに油をぬってやっている。姿はボロボロになっても、心を寄せあう人間の姿が、そこにはあった。

橋の側に視点の定まらない、茫然自失した人びとがうずくまっている。気力を失った人びとの姿は、ピカドンの衝撃の物凄さを物語っている。

爆心地近くにいて即死した八万人の人びとは、誰がどこでどのように死んだのか、まったくわからない。即死をまぬがれた者も苦しみ、あえぎながら命をたたれた。広島で誰に見とられることもなく、瞬時に殺された二〇万人の人びとの無念さは、絶対に消えることはない。

広島第二中学校一年、全員爆死

県立広島第二中学校・一年第一―第六学級の三二二人の生徒と引率教員四人の被爆死は、広島テレビ放送編の『いしぶみ（碑）』（ポプラ社）に、一人ひとりの氏名、そしてどのように死んでいったかが、記録されている。

その日の集合は八時一〇分、本川土手の新大橋（現・西平和大橋）東詰であった。軍の命令で空襲時の延焼防止のために家屋を取り壊す、勤労動員であった。

橋のたもとから川を背にして第一学級、第二学級と川下に向かって二列横隊に整列した。その時、北東の山あいからB29三機が姿を現わした。雲ひとつない夏の青空にB29の機影がキラキラと光る。高々度なので爆音は聞こえない。B29はゆっくりと飛んでいるように見えるが、生徒の方に進んでくる。

「敵機だ」整列していた生徒が叫ぶと、升田、山本、箕村、仲山の四人の先生もふり返って空を見上げた。

その時、先頭のB29が黒いものを落とした。真夏の太陽がまぶしい大空を背景に、黒いしみのような物体が落下してくる。二中の生徒三二一人と四人の先生は、四十数秒間、黒い物体を凝視しつづけていた。

「退避！」「伏せろ！」

誰かが叫んだ。同時に閃光が走り、ドドーンという大地をつん裂くような地響きと熱線と爆風が生徒たちの体を吹き飛ばした。爆心地から七〇〇メートルほど離れた本川土手は地獄に一変した。約一〇〇人、三分の一の生徒が熱線に服、皮膚を焼かれ、黒焦げになって、地面にたたきつけられ、即死した。近くの建物、樹木、煉瓦塀が木端みじんに吹っ飛び、瓦礫の下敷になり、圧死した生徒もいる。

岡田彰久は腰まで砂に埋もれ、手で砂を掘って脱出しようとした。熱い、砂が燃えている。岡田は本川に飛び込んだ。近くにいた市立高等女学校の生徒や市立造船工業学校の学生、地方義勇隊の人たちも川に飛び込んだが、両岸の燃える家の炎が水面に吹きつけ、川は死体の川となった。

大阪で空襲をうけ広島に疎開していた大橋正和は、窪地に伏せたせいか一命をとりとめた。しかし、熱線にやられ顔は腫れあがっていた。なんとか歩ける友だちと天満川、福島川、山手川を泳いで渡った。市の西端の己斐にやっとたどり着いたが、まったく目が見えなくなり、一緒に逃げてきた三人の友だちと散りぢりになってしまった。軍のトラックで己斐の町役場に運ばれ治療をうけ、おじの家にたどり着いた。しかし、三日目からうわごとをいうようになり、一〇日の昼頃息をひきとった。

中学一年といえば一三歳。将来、無限の可能性をもった少年三二一人と先生四人が四十数秒間エノラ・ゲイ号を凝視して、ピカドンの炸裂を全身に浴び、全員命をたたれてしまった。

戦時でなければ生徒たちは夏休みである。戦局の緊迫した一九四五年三月「女子挺身隊制度強化方策要綱」が閣議決定され、一四歳から二四歳までの未婚の女子を動員することになった。つづいて「決戦教育措置要綱」が閣議決定され、国民学校高等科以上、大学にいたるまで、「授業停止」を定め「学徒動員令」を強化して、学徒動員が強行された。

日本の主要都市では「勤労動員」された生徒、学生に、空襲の延焼防止のため「建物強制疎開作業」を行わせた。広島も全国の例にもれることなく、軍指定の建物の取り壊し作業に、生徒たちは汗まみれで働いた。

八月六日朝、動員されたのは広島第二中学校の生徒だけではない。広島市内の中学校、高等女学校など四一校の生徒八三八七人が、市内六地区に分散して、午前七時から取り壊し作業にかかっていた。爆心地に近い県庁付近で作業していた市立高等女学校の生徒五四四人は全員即死した。

そのほか、爆心地近くの作業を命じられた九校、一九二一人の生徒の九八パーセント、一八五二人が即死した。残る六九人も重傷を負い幾日か後に死亡した。

爆心地で作業していた児童、生徒はもちろん、至近距離で作業を命じられ、幼くして命を絶たれた少年、少女の遺骨は消滅してしまい、親たちのもとへ還ることはなかった。

八月六日午前八時、テニアン島のチューロ邦人収容所の屋根だけの仮校舎で、少年、少女たちは、南国らしいのんびりとした気分で授業をうけていた。

三年前、佐藤照男、五十嵐奈美子、長谷須磨子たち小学校三年以上の児童は、第一飛行場のすぐ隣の第四飛行場の建設に動員された。いまはアメリカ軍が第一と第四を合併し、B29が飛び立つ北飛行場になっている。

エノラ・ゲイ号はじめ原爆部隊のB29七機が、北飛行場を飛び立ったことを少年、少女たちはまったく知らなかった。

自分たちが汗まみれになって、先生の教えを守って、お国のためにと一生懸命つくった飛行場から、原爆を腹にかかえたエノラ・ゲイ号が、いま広島の上空に侵入し原爆投下のボタンを押す時刻になっているとは、夢にも思いおよばぬことであった。

広島刑務所の惨事

八月六日、広島刑務所は真夏の朝日をうけて、静かな一日がはじまろうとしていた。藤井警備隊長は昨夜の二度にわたる空襲警報で、一睡もせず朝を迎えた。藤井は、午前五時頃、刑務所近くの自宅で官服のまま仮眠をとっていた。

午前七時九分、警戒警報が発令された。藤井は急いで刑務所に戻り、受刑者で組織した特別警備隊員四〇名を警備配置につかせた。七時三一分、警戒警報が解除されたので、藤井は所内の神社前の広場で受刑者・特警隊員三〇名の訓練を行い、教誨堂に行くことを命じた。

藤井が警備隊本部の机に座った瞬間、青白い閃光が鋭く走った。次の瞬間室内が真暗になり、ドーンと大きな轟音が舎屋をゆるがせ、同時に息の根が止まるような猛烈な爆風で、五、六メートルも吹き飛ばされた。

何がどうなったのか、まったくわからない。もうもうと立ちこめるほこりと煙があたりを包み、机や椅子や落ちてきた屋根瓦などのなかに体が埋もれている。藤井は激しい衝撃で気を失っていた。ようやく気がついて、落下物を取り除いていると、かすかな明りが見えた。やっとの思いではい出した藤井は愕然とした。

整然とした刑務所特有の見なれた風景がすべて消え失せている。本部も獄舎も作業所も、何もかも倒壊しこなごなになっている。一二〇〇名の受刑者、八四名の職員も変わりはてた姿に一変してしまった。

衣服を焼かれ全裸で血まみれの者、半裸で皮膚がたれさがっている者、頭や顔から血を流し茫然としている者、火傷で皮膚が茶褐色に変色しふくれあがっている者、倒壊した建物の下敷になって「助けてくれ」と叫んでいる者……刑務所の機能は失われ、無戒護状態の地獄が藤井警備隊長の目の前にあった。彼の頭からも血が流れ、シャツが真赤に染まっていた。

爆心地から二〇〇〇メートル離れていた刑務所もこの惨状である。市街地は黒煙につつまれ、真赤な炎が荒れ狂っていた。

刑務所の塀だけは倒れずに残った。塀の外からは人びとの助けを求める声、泣き叫ぶ声が渦潮のようなどよめきとなって聞こえてくる。

塀の外を何万もの市民が南に向かって逃げていく。海に突出している吉島飛行場へ向かう人の波である。その時、重傷を負って歩く気力を失った者が破壊された非常門から刑務所内に入り込んで来た。

男女の別なく全裸で皮膚がはがれ、たれさがっている。両眼が飛び出し、手で押さえて泣き叫ぶ者、血だるまの幼児をしっかり抱いて、所内にたどりついて息をひきとった若い母親、正視できない惨状が、刑務所内の混乱の激しさを倍加させた。

被爆当日の刑務所内の即死と行方不明者は一九名であった。爆心地から約二〇〇〇メートル離れていたためであろう。

しかし、日を追うごとに重傷者がつぎつぎに死亡し、火葬が間にあわない。そこで受刑者一名を専任とし、塵介焼却場を臨時の火葬場にして、死体に重油をかけて火葬した。八月六日から九月三〇日までの間に刑務所内で火葬した死体は九一体におよんだ。

その後も医療救護所で治療をうけていた受刑者が、原爆症で相ついで死亡していった。原子爆弾の放射能は、目には見えないが被爆者、または黒い雨にうたれた者の肉体を蝕んで死にいたらすほど、恐ろしく、そしてむごいものであった。

かろうじて生き残った者も、全身が気だるく、食欲を失い、吐き、発熱して下痢がはじまる。そして次第に衰弱し、毛がぬけ落ち、皮膚に赤い斑点ができ、歯ぐきから出血し、鼻血が止まらなくなり死亡する。

軽症ですんだ者も、いつ白血病になるか、あるいは子や孫に遺伝的な影響はないか、一生気の休まることのない後遺症の不安を背負わされた。日米両国の戦争指導者が、あえて理解することを避けたと思われる被爆の限りない苦痛を、広島と長崎の市民は背負わされたのである。

悲運の長崎と浦上刑務支所

一九四五年八月九日午前一一時五六分、プルトニウム原爆を搭載したボックス・カー号が、テニアン島の北飛行場を発進した。指揮官はスウィニー少佐、爆撃手はビーハン少佐はじめ一三名である。

長崎型原子爆弾は、広島のウラニウム原爆よりひとまわり大きい。長さ三・二メートル、直径一・五メートル、重さ四・五トン、主体プルトニウム239（爆発力はTNT火薬二万トンに相当する）である。

悪魔の使者ボックス・カー号は、第一目標小倉上空に達した。しかし、雲量が多く目視爆撃は不可能と判断、スウィニー少佐は小倉を断念、機はいったん南下し、遠回りして熊本方面から、島原半島を経て午前一〇時五八分、長崎市の上空に侵入した。長崎上空も雲量八、視界不良である。

観測機が落下傘につけたゾンデを投下した時、雲がきれて長崎製鋼所が眼下にはっきり見えた。爆撃手ビーハン少佐はためらうことなく投下ボタンを押した。ボックス・カー号は急旋回して東方へ脱出するためエンジンを全開した（一九九九年になって、この目視投下に対しては疑問が投げかけられた）。

長崎市は東西を山にはさまれた細長い街で、急な坂道が多い。街の中央を浦上川が流れ、長崎港にそそいでいる。

午前一一時二分、プルトニウム原爆は長崎の上空五〇〇メートルで炸裂した。爆心は市の北側に寄った松山町一七〇番地の上空である。すぐ北側に長崎刑務所浦上刑務支所がある。現在刑務支所跡が長崎市国際平和公園になり、天を指さす大きな平和祈念像が人びとの目をひき、平和を祈念するシンボルになっている。

プルトニウム原爆も広島の原爆と同じように、言語に絶する破壊力をもっていた。爆発すると火球は一〇〇万度の超高熱となり、一万分の一秒後に三〇万度、一〇〇分の一秒後に一七〇〇度に下がる。

〇・三秒後にはふたたび七〇〇〇度に上昇、三秒後に一七〇〇度に下降する。長崎も爆心直下の地表温度は、三〇〇〇—四〇〇〇度に達していた。

長崎市の被害、死者七万三八八四人、負傷者七万四九〇九人（当時の推定人口二二万人）、罹災人員一二万〇八二〇人、罹災戸数一万八四〇九戸、全焼一万一五七四戸、全壊一三二六戸、半壊五五〇九戸である。生き残った者も、原爆症で死亡者が続出した（『長崎市制六五年史』）。

爆心地にあたる長崎刑務所浦上刑務支所は、人も舎屋もすべてことごとく消滅した。刑務官は福島支所長ほか一八名即死、官舎居住家族三五名即死、受刑者四八名、刑事被告人三三名、計一三四名、ことごとく即死である。

爆心地の周辺は三〇〇〇度を超える熱線にことごとく焼きつくされ、猛烈を極める爆風はすべてを破壊しつくし、人間の生活していた痕跡を根こそぎ消滅させた。見わたすかぎり瓦礫だけがどこまでも広がり、人の姿はまったくなかった。

なぜ……

ボックス・カー号は、目視爆撃決定までに時間がかかり、原爆投下のあとすでに、燃料切れ寸前であった。テニアン島帰投がむずかしいと判断した機長は、進路を沖縄に向けた。

午後〇時三〇分、沖縄の読谷飛行場が見えた。燃料はゼロに近い。管制塔はボックス・カー号に気づいていない。機長は発火信号をすべて射てと命じた。二〇本の発火信号に気づいた地上部隊は、滑走路をあけ消防車、救急車を待機させた。

ボックス・カー号は読谷飛行場に着陸した。テニアンの北飛行場を出発する時六二五〇ガロンあった燃料の残量は七ガロンであった。

沖縄で燃料を補給したボックス・カー号は、午後三時三〇分、読谷飛行場を離陸、再び七時間におよぶ飛行を終えて午後一〇時三〇分、テニアンの北飛行場に着陸した。出迎えたのはティベッツ大佐とパーネル提督の二人と数人の人影だけであった。エノラ・ゲイ号が帰還した時の光の祭典もどきのばか騒ぎはない。原爆による勝者の栄光は、無警告原爆投下に反対してきた人びとの声を裏打ちするように、打ち消されていた。

降伏寸前の日本へ原爆を投下することを正当化する論拠はこの時点で失われていたのである。

エノラ・ゲイ、ボックス・カーの両機はテニアン島の北飛行場から飛び立った。

この飛行場建設に広島、長崎の刑務所に服役していた受刑者も二三四人出役していた。その人たちのうちの何人が被爆し、何人が爆死したのか、記録は何もない。

一九三九年、ナチス・ドイツの原爆製造の危険性を訴え、ルーズベルト大統領に提出する原爆製造の勧告書をアインシュタインに書かせる役割を果たしたレオ・ジラード博士は、ドイツが敗北したあと、日本への原爆投下に反対した。

「原爆をもつ可能性のない日本へ原爆を投下すれば、世界中がショックをうけるだろう。これは国際的な犯罪であって、世界中の多くの人びとがそう思うだろう」（大意）とジラードは指摘している。『原

爆はなぜ投下されたか』西島有厚・青木文庫)

戦争・原爆の惨禍を再び繰り返さないためには、原爆を投下した側と原爆を投下された側の戦争指導者が、何を考え、なんのために原子爆弾・悪魔の兵器を市民の頭上で炸裂させたのかを追及しなければ、悲劇の再発を防ぐことはできないのである。

二〇〇〇年三月二七日午後三時、筆者は、テニアン島北飛行場A滑走路の西の端に立っていた。南国の太陽を照り返して白く光る巨大な滑走路には人影一つなく、すみきった青空の下、のどかで、平和そのものであった。

しかし、私たちは忘れることはできない。五五年前、ここから飛び立った二機の飛行機のことを。

そして、この島で戦い、死んでいった人たちのことを。

参考資料

戦時行刑実録　正木　亮　国会図書館蔵
原爆投下前夜　戦史研究会　角川文庫
原爆はなぜ投下されたか　西島有厚　青木文庫
幻の声・NHK広島8月6日　白井久夫　岩波文庫
マンハッタン計画　山極晃ほか　大月書店
機密戦争日記　軍事史学会編　錦正社
天皇裕仁と東京大空襲　松浦総三　大月書店
ヒロシマ　広島平和教育研究所
原爆展　朝日新聞社
ナガサキ　フランク・W・チンニック／小山内宏訳　新人物往来社
アメリカ海兵隊　野中郁次郎　中公新書
幻の防波堤　浅野庄一　自費出版
昭和天皇　田中伸尚　緑風出版
テニアンの空　井上昌己　光人社
春島物語　窪田　精　東邦出版社
知られざる刑務所のオキテ　安土　茂　日本文芸社
中部太平洋陸軍作戦史　防衛庁作戦研究室　朝雲新聞社
死の島テニアン　相良智英　自費出版
松本連隊の最期　山本茂美　角川文庫
テニアン占領　ホフマン少佐　山極晃提供／平野欣也訳　海兵隊司令部

おわりに

テニアンの子供たちは、海と星と太陽に恵まれ、南洋の豊かな自然のもとで、のびのびと生活していた。子供たちにとって、テニアンは楽園であった。

かけがえのない自然に満ちみちた楽園を、一挙に打ち砕いたのが戦争であった。その戦争は、大本営が作戦放棄を決定して、島々を見すてた「玉砕」戦であった。

見すてられた戦場で人びとはどのように生きのびようとし、どのようにして死ぬ覚悟を決めて、敵陣に斬り込んでいったのか、非情な戦争の本当の姿を知りたいと思わせたのは、テニアンの生なましい戦跡であり、洞窟に放置された遺骨を手にした時であった。

真っ暗な洞窟のなかで、砂を手で探るとつぎからつぎへと人の歯が出てきた。すでに遺骨は収集したあとであったが、歯だけが砂に埋もれたままになっていたのだ。洞窟の奥深くに母子の遺骨があり、幼児の手の骨のなかにビー玉があるのを、懐中電灯の光が照らした時、息のとまる思いがした。

テニアンに米軍が上陸する前にこの島は見すてられていたが、兵隊は援軍が来ると信じて、圧倒的に優勢な米軍と戦い戦死し、全滅した。民間人も一縷の望みをもって敵の砲火のなかを逃げまどい、洞窟に隠れて息を殺していた。

父母、兄弟姉妹、妻や子のいる祖国を守るために兵隊は戦い死んだ。小さな島にとり残され、銃弾を撃ちつくし、全滅した兵隊たちを「玉砕」という美辞麗句で締めくくってしまっていいのだろうか。

かつての日本人町に残っているコンクリートの残骸の砲弾に撃ち抜かれた壁に「テニアン□□警防□□分□本部」と読みとれる戦いの跡に立った時も、砲撃で爆破された砲台跡に立った時も、見すてておいて、「玉砕」の一言ですませてしまった大本営に疑問と憤りを押さえることができなかった。

大本営の参謀たちは、「絶対死」の突撃命令をくだして、八〇〇〇名の将兵と邦人三五〇〇名を死に追いやっておきながら、その責任を負うこともなく敗戦を境に転身してしまった。

敗戦から五十数年、人びとはテニアン島を忘れた。子供たちの楽園であったテニアンは「玉砕」の島となり、日本人が血と汗を流して一年一〇ヵ月かけて建設した滑走路はついには原爆機の発進基地となり、広島で長崎で人びとは劫火に焼かれた。そのテニアン島を忘れていいのだろうか。

「この島で日本軍は戦って全滅になりました。日本精神で最後の一人まで戦って死にました。そしてこの島から、原爆を積んだB29が、広島・長崎に原爆を投げつけたのです。日本人は日本の運命を決めた、とても大切な島を忘れています。テニアンは、日本のころび石のようにちっちゃな島ですが、忘れないでほしい」

と、メンディオラ市長は私にしみじみと語った。

テニアンの「玉砕と原爆」を考えてごらんなさい。戦争は非情で残酷で、失うものはあっても得るもののない愚かなことです、とメンディオラさんは言いたかったのだ。

ところがいま、「戦後の『平和主義』が日本をダメにした」「『公』＝国のために命を捨てた特攻隊に国民は学ぶべきだ」といったような、戦争を知らない若い世代に戦争を煽るナショナリスト集団が、大手を振って歩くようになった。一万人を超えるテニアンの遺骨収集にもかかわらず、まだ残された遺骨が、五十数年の時の流れの砂に埋もれてしまったように、戦争は風化してしまったのだろうか。

戦争とは何だったのか、多くの証言者のことばに耳を傾けてもらいたい。「平和こそ宝」なのである。テニアンの一〇日間の戦闘が終わり、在留邦人のほとんどがチューロ収容所に収容され、民間人は命を奪われる危険から脱出することができた。しかし、テニアンはB29の基地になり、東京空襲、本土空襲のために毎日のようにB29が飛び立つようになった。

そしてついには、原爆を搭載したエノラ・ゲイ号がテニアン北飛行場を飛び立って広島に向かった。原爆機が飛び立った北飛行場は日本の囚人部隊が建設したことは、ほとんどの資料に書かれていない。『戦時行刑実録』には、囚人の飛行場建設と広島刑務所、長崎刑務所浦上刑務支所の原爆被害は詳しく記録されているが、囚人たちが建設した第一飛行場を拡張した北飛行場から、原爆機が飛び立ったことには一行も触れられていない。

テニアン戦史・戦記にも日本軍「玉砕」のあと北飛行場が原爆基地になったことに触れたものはほとんどない。

米軍のテニアン攻略には、単なる制空権の拡大でなく、日本本土空襲と原爆基地確保の狙いがあった。テニアンの「玉砕」と原爆基地の関係は切り離しては考えられない。大本営の杜撰で合理性を欠いた戦略とマリアナをいとも簡単に見すてたことが、その一つの要因であったことは間違いない。この事実を確かめなければ、多くの人命を犠牲にした歴史が次の世代への教訓として活かされることはないだろう。もう一つ記憶にとどめなければならないことがある。

戦後、カーチス・ルメイに日本政府が勲一等旭日大授章を与えたことである。航空自衛隊の育成に貢献したという唐突な理由からだ。

二〇世紀の最大の出来事として、広島・長崎の原爆による惨事は、世界中に反核運動の輪を広げる原点となった。しかし、核兵器廃絶の人類の悲願は、未達成のまま二一世紀に引き継がれた。

アメリカでも「原爆の使用が対日戦争を早期終結に導き、多くの米国民の命を救った」（スティムソン）との主張や「原爆投下は多くの米兵の命ばかりか、日本人の命まで救った」といった「原爆神話」は崩壊しつつある。

「この野蛮な兵器が対日戦で実質的な助けになったことはない。日本はすでに降伏しようとしていた」（マッカーサー将軍・レィヒ提督）

「女性、子どもが無差別に殺されたことへの心の底からの嫌悪感」（フーバー元大統領）

「広島、長崎への無警告の爆撃に倫理的に弁護の余地はない」（キリスト連邦協議会）

「原爆投下は国際法違反であったばかりか非戦闘員を攻撃してはならないという米軍の戦闘規則にも違反している」（イリノイ大学法学部F・ボイル教授）

「日本のアジア各地での戦争犯罪同様、原爆もまた国際法違反として裁かれるべきだ」（シカゴの弁護士G・ジョーダン）

一九九九年八月二九日、朝日新聞「主張・解説」の欄に、「原爆批判封じ込め半世紀」「正当化の『神話』にほころび」「真実求め始めた米社会」という記事が大きく掲載された。

私たちは「南京大虐殺」「平頂山事件」「重慶の無差別爆撃」「従軍慰安婦問題」など日本軍および日本人の戦争犯罪と戦争責任をも追及してきた。

私たちが長年にわたって戦争責任を追及しつづけてきたのは、不戦と平和の誓いを確認するためであった。忌まわしい戦争が終結して五十余年、戦争と無縁の平和な生活がつづいた。この平和をアジアへ、さらに世界へ広げていくのが、私たちの願いであった。

ところが新しい世紀を迎えると、「アジア・太平洋戦争は欧米列強からアジアを解放する戦いであった」として侵略戦争を否定し、日本軍の残虐行為などなかったと史実を歪曲する歴史観・歴史教科書が教育の場へも持ち込まれてきた。

私たちが長年積み重ねてきた「戦争責任」「戦争犯罪」の追及は、おかしな状況の到来によって、新たな決意をもって再出発しなければならない時代を迎えた。

核兵器廃絶運動や反核運動も、新しい分野にメスを入れる必要に迫られる新しい時代を迎えたと思われる。

「玉砕と原爆」の島テニアンについて、貴重な証言、資料を提供してくださった、菊池郭元氏、佐々木吉民氏、五十嵐奈美子氏、佐藤照男氏、佐藤多一郎氏、川島五郎氏（故人）、長谷須磨子氏、松長友二氏、近藤久一氏、大山大三郎氏、森岡利衛氏、浅野庄一氏、河合巌氏、フィリップ・メンディオラ氏（故人）、オイカワ・ジョセフ・テレ氏、島袋三郎氏、マニエル・デラクルス氏（故人）、ジョセフ・キング氏、ビセンテ・シン氏、佳子・マングローニャ氏、萩島武司氏、松田光一氏、甲野ひさ子氏、松本賢香氏、平野欣也氏、山極晃氏、津山昭英氏、梶田縫次郎氏、ビセンテ・サブラン氏、松浦総三氏、小岩日向子氏、鈴木均氏（故人）、石井晴子氏、新津武氏、以上の方々、および「原爆基地テニアン」を連載してくださった長井洋二郎氏・日中友好元軍人の会にお礼申し上げる。

テニアンに渡航するにあたって、二五年にわたって旅行の世話をしてくださったロータリーエアーサービスの栗原麟太郎社長、神弘美氏、新井宏美氏にお礼申し上げる。

また、厳しい社会状況のなかで出版に踏み切ってくださった桜井書店と編集にあたってくださった松村牧子氏にお礼申し上げる。

二〇〇一年六月三〇日

石上正夫

石《いし》上《がみ》正《まさ》夫《お》

1924年　東京に生まれる
東京空襲を記録する会理事
著書
『玉砕島テニアン』現代史出版会，1979年
『子どもに戦争をどう教えるか』文化書房博文社，1982年
『日本人よ忘るなかれ――南洋の民と皇国教育』大月書店，1983年
『テニアンの少女』汐文社，1985年
『海と星と太陽と――フィリップ・メンディオラの生涯』あすなろ書房，1988年
『嵐の中の少女』あすなろ書房，1989年
『平頂山事件――消えた中国の村』青木書店，1991年
『南の島の悲劇――テニアン・サイパンの玉砕』草の根出版会，1993年

大本営に見すてられた楽園

2001年8月1日　初　版

著　者　石上正夫
装幀者　林　佳恵
発行者　桜井　香
発行所　株式会社　桜井書店
東京都文京区本郷1丁目5-17　三洋ビル16
〒113-0033
電話（03）5803-7353
Fax（03）5803-7356
http://www.sakurai-shoten.com/
印刷所　株式会社　ミツワ
製本所　株式会社　難波製本

© 2001 Masao Ishigami

定価はカバー等に表示してあります。
本書の無断複写（コピー）は著作権法上
での例外を除き，禁じられています。
落丁本・乱丁本はお取り替えします。

ISBN4-921190-11-9　Printed in Japan

渡辺　治

日本の大国化と
ネオ・ナショナリズム
の形成

天皇制ナショナリズムの模索と隘路

改憲への動き,「日の丸」・「君が代」の法制化,「新しい歴史教科書をつくる会」教科書の検定合格, 小林よしのりや西部邁ら新手のナショナリストの台頭, そして小泉内閣の新自由主義改革・集団的自衛権の見直し……。

いま日本はどうなっているのか・どこへ向かおうとしているのか。

緻密な論証と明快な論理で分析する。

A5版上製・3000円＋税

桜井書店
http://www.sakurai-shoten.com/